Stig Andreasson

Laissons la Colombe en liberté

Stig Andreasson

Laissons la Colombe en liberté

L'action du Saint Esprit dans la vie du chrétien

Éditions Croix du Salut

Impressum / Mentions légales
Bibliografische Information der Deutschen Nationalbibliothek: Die Deutsche Nationalbibliothek verzeichnet diese Publikation in der Deutschen Nationalbibliografie; detaillierte bibliografische Daten sind im Internet über http://dnb.d-nb.de abrufbar.
Alle in diesem Buch genannten Marken und Produktnamen unterliegen warenzeichen-, marken- oder patentrechtlichem Schutz bzw. sind Warenzeichen oder eingetragene Warenzeichen der jeweiligen Inhaber. Die Wiedergabe von Marken, Produktnamen, Gebrauchsnamen, Handelsnamen, Warenbezeichnungen u.s.w. in diesem Werk berechtigt auch ohne besondere Kennzeichnung nicht zu der Annahme, dass solche Namen im Sinne der Warenzeichen- und Markenschutzgesetzgebung als frei zu betrachten wären und daher von jedermann benutzt werden dürften.

Information bibliographique publiée par la Deutsche Nationalbibliothek: La Deutsche Nationalbibliothek inscrit cette publication à la Deutsche Nationalbibliografie; des données bibliographiques détaillées sont disponibles sur internet à l'adresse http://dnb.d-nb.de.
Toutes marques et noms de produits mentionnés dans ce livre demeurent sous la protection des marques, des marques déposées et des brevets, et sont des marques ou des marques déposées de leurs détenteurs respectifs. L'utilisation des marques, noms de produits, noms communs, noms commerciaux, descriptions de produits, etc, même sans qu'ils soient mentionnés de façon particulière dans ce livre ne signifie en aucune façon que ces noms peuvent être utilisés sans restriction à l'égard de la législation pour la protection des marques et des marques déposées et pourraient donc être utilisés par quiconque.

Coverbild / Photo de couverture: www.ingimage.com

Verlag / Editeur:
Éditions Croix du Salut
ist ein Imprint der / est une marque déposée de
OmniScriptum GmbH & Co. KG
Heinrich-Böcking-Str. 6-8, 66121 Saarbrücken, Deutschland / Allemagne
Email: info@editions-croix.com

Herstellung: siehe letzte Seite /
Impression: voir la dernière page
ISBN: 978-3-8416-9886-5

Copyright / Droit d'auteur © 2013 OmniScriptum GmbH & Co. KG
Alle Rechte vorbehalten. / Tous droits réservés. Saarbrücken 2013

Laissons la Colombe en liberté

Stig Andreasson

Traduction de la Bible utilisée dans cet ouvrage:

Louis Segond

traduction d'après les textes originaux, version ancienne ou révisée.

Table des Matières

Avant-propos   4

Première partie: LE PROBLÈME   7

1. Une question qui divise   7
2. Une question – beaucoup de réponses   9

Deuxième partie: LES CAUSES   14

1. Notre connaissance fragmentaire   14
2. Un esprit trop dogmatique   17

Troisième partie: LA SOLUTION   23

1. Retour à l'essentiel   23
2. Une conception plus large   27
3. Redécouverte de la diversité de la vie   33
4. Une meilleure connaissance de l'histoire   42

Quatrième partie: LES CONSÉQUENCES   45

1. Le débat remplacé par la prière   45
2. Les étiqueteurs au chômage   49
3. Ouverture d'esprit chez les réticents   57
4. Pondération chez les assoiffés du spectaculaire   65
5. Sanctification et amour fraternel   75
6. Les yeux ouverts sur les déviations et les excès   81

Bibliographie   94

Avant-propos

Le titre du présent livre paraîtra peut-être un peu énigmatique aux yeux de mes lecteurs. En fait il s'agit d'une allusion à ce qui s'est passé lors du baptême du Seigneur Jésus accompli par Jean-Baptiste. L'évangile le raconte en ces termes: *"Aussitôt baptisé, Jésus sortit de l'eau. Et voici: les cieux s'ouvrirent, il vit l'Esprit de Dieu descendre comme une colombe et venir sur lui."* Par la suite il nous est dit que: *"Jésus fut conduit par l'Esprit dans le désert."* Un peu avant cet événement Jean-Baptiste avait dit concernant Jésus: *"Voici l'Agneau de Dieu qui ôte le péché du monde."* Jésus a aussi dit de lui-même: *"Je suis doux et humble de cœur"*. Tout ceci a inspiré à un prédicateur, sans doute un peu original, le commentaire suivant: *"Seul un agneau peut se laisser conduire par une colombe."* Que voulait-il dire? Simplement que Jésus était totalement soumis à la volonté de son Père. Il n'y avait donc en lui aucune résistance à la direction du Saint Esprit. Il avait la nature d'un agneau humble et soumis. Il était l'Agneau de Dieu parfaitement conduit et dirigé par la Colombe de l'Esprit.

Nous, les humains n'arriverons certainement jamais à une soumission et à une obéissance aussi parfaites que notre Sauveur et Seigneur. Pourtant la Bible dit bien que *"Dieu a donné le Saint-Esprit à ceux qui lui obéissent."* Pour que le peuple chrétien de nos jours soit lui aussi conduit par le Saint Esprit, il faut qu'il y ait une volonté sincère de lui obéir. Étienne, le premier martyr chrétien, reprochait à ses contemporains: *"Vous résistez toujours au Saint-Esprit."*

En effet, on peut faire obstacle à l'action du Saint Esprit de différentes manières. Nous pouvons enfermer la Divine Colombe dans la cage de nos idées préconçues et dans nos exposés de théologie systématique. Nous pouvons aussi fabriquer des schémas pour son action au lieu de lui laisser la pleine liberté d'agir. Ruben Saillens, qui de son temps était bien connu dans tous les pays francophones comme pasteur, poète et compositeur, a écrit ceci: *"Chaque chrétien, individuellement, est le produit d'un acte créateur, il est né de Dieu. La nouvelle naissance est l'œuvre de l'Esprit souverain, qui souffle où il veut. Le Saint Esprit, voilà donc le souverain ordonnateur de toutes choses dans la nouvelle création. Avant de prononcer les mots d'organisation, de méthodes, de moyens, reconnaissons cette haute, cette essentielle vérité: La souveraineté de l'Esprit. Rendons-lui l'hommage qui lui appartient, et soyons prêts à lui sacrifier toutes les machines savantes et compliquées que nous sommes trop souvent tentés de mettre à sa place. Et, pour cette œuvre de création, d'organisation et de développement parfait, que demande l'Esprit divin? Deux choses seulement, les plus simples du monde, et celles que nous lui accordons le moins: le silence et la liberté."*

Je me permets de mettre en relief le mot "liberté". Car je crois comme Ruben Saillens que le grand besoin de la chrétienté est justement de ne pas essayer de diriger le Saint Esprit mais lui laisser la liberté de nous diriger. Voilà pourquoi j'ai choisi le titre: "Laissons la Colombe en liberté."

La confusion qui règne parmi les chrétiens au sujet de l'œuvre du Saint Esprit m'a profondément troublé et les divisions qui les déchirent entre eux encore plus. Le présent livre est donc une tentative d'y remédier. Il est le fruit de plusieurs années de recherche et d'étude de la Bible et d'un grand nombre de livres sur le Saint-Esprit. Dans la bibliographie, j'en donne la liste, à l'exception d'environ 25 titres en langues scandinaves, qui en général demeurent inaccessibles au lecteur français.

Un certain nombre de convictions et de certitudes sont nées suite à ces études, suite aussi à ce que j'ai vu et vécu lors de mes voyages dans plusieurs pays. Quelques exemples, illustrations et expériences sont tirés des milieux scandinaves. J'espère que cela sera un enrichissement pour le lecteur français. Quant aux ouvrages de tendance très étroite, j'ai préféré y faire allusion sans les nommer explicitement, mon but étant plutôt d'éviter la controverse que de la provoquer. Puisque j'ai puisé dans tant de sources il m'est difficile de parler de "mon livre". Je dirai plutôt: Que "notre livre" vous apporte le plus possible d'enrichissements spirituels comme le contact avec mes nombreux "collaborateurs" m'en a également apporté.

Stig Andreasson

Première partie: LE PROBLÈME

1. *Une question qui divise*

Deux chrétiens de "tendances" différentes se rencontrent et s'engagent dans une conversation.

- Êtes-vous baptisé du Saint-Esprit?
- Oui, bien sûr. Tous les chrétiens sont baptisés du Saint-Esprit depuis leur conversion.
- Mais, avez-vous déjà parlé en langue?
- Ça non! D'ailleurs, selon l'enseignement que j'ai reçu, cela n'existe plus. La Bible dit bien que les langues cesseront.
- Oui, j'ai déjà entendu cette interprétation. Quant à nous, nous sommes convaincus que tous les dons spirituels existent encore et nous les avons dans notre église. Vous ne les avez donc pas chez vous?
- Notre pasteur enseigne que chaque chrétien possède un don spirituel bien que celui-ci ne soit pas toujours assez spectaculaire pour que tout le monde le remarque.
- Chez nous, les dons se manifestent vraiment. Pratiquement tout le monde parle et chante en langue ou prophétise.

Les deux chrétiens se séparent, non pas en ennemis, Mais, sans pouvoir se comprendre.

J'ouvre deux journaux religieux. Dans le premier, je trouve un article qui décrit le merveilleux renouveau spirituel qui depuis un certain nombre d'années est en train d'enflammer toutes les églises à travers le monde. Selon cet article, le Saint-Esprit continue à descendre sur des centaines de milliers de chrétiens de toutes confessions et les "charismes", notamment celui des langues, apparaissent à nouveau comme dans l'église primitive.

Dans le deuxième journal, je trouve une mise en garde très sérieuse contre ce renouveau dit "charismatique". Puisque le diable se déguise en ange de lumière, cela pourrait bien être lui qui se cachent derrière ces manifestations d'apparence biblique.

Dans une librairie chrétienne, je trouve deux livres sur le Saint-Esprit. Le premier affirme que tout chrétien baptisé de l'Esprit doit parler en langue tous les jours dans sa vie de prière. Le second raconte un certain nombre de cas où des chrétiens auraient été possédés d'un mauvais esprit qui les faisait parler en langue. Après avoir été "exorcisés", ces chrétiens auraient perdu le don des langues. Ce qui pour certains est la preuve d'une plénitude spirituelle, est donc pour d'autres, presque sûrement une manifestation démoniaque!

On peut y perdre son latin! Il n'y a pas un enseignement unanime qui émane de la chrétienté de nos jours. C'est surtout concernant le Saint-Esprit que la confusion est énorme et les contradictions innombrables. Depuis assez longtemps déjà, un fossé profond s'est creusé entre deux sortes de chrétiens, les "charismatiques" d'un côté et les "non-charismatiques" de l'autre. Mais, franchement croyez-vous que ce fossé soit voulu par Dieu? Si ce n'est pas le cas, il doit exister un moyen de le combler. Cela paraît sans doute prétentieux, mais, ce sera le but de la rédaction de ce livre.

Avant d'entreprendre ce travail de comblement, je dois peut-être demander pardon au lecteur d'avoir été un peu acéré dans ma description des deux tendances. Je sais bien que ce problème est plus complexe que cela et qu'il existe des nuances des deux côtés. N'empêche que le fossé est bel et bien une triste réalité et que les travaux de comblement sont très urgents. Car, avouez-le, il est tout de même scandaleux que l'enseignement sur le Saint-Esprit, le divin Consolateur venu pour réunir les enfants de Dieu en un seul corps, soit aujourd'hui un des principaux sujets de division parmi les chrétiens.

2. *Une question – beaucoup de réponses*

Qu'est ce que le baptême du Saint Esprit?

Aucune autre question n'a fait couler autant d'encre depuis plusieurs générations et n'a suscité autant de controverse parmi les chrétiens que celle-ci. Nous venons de faire allusion à deux tendances, peut-être un peu extrêmes. Mais, il y a bien plus que cela. Il y a une abondance d'interprétations. Voici en résumé celles qui sont les plus répandues actuellement.

A. Baptême du Saint-Esprit égale nouvelle naissance

Pour beaucoup de chrétiens, le baptême du Saint-Esprit a lieu au moment de notre conversion à Dieu. En acceptant Jésus-Christ dans nos cœurs comme Sauveur et Seigneur, nous naissons de nouveau et en même temps, nous sommes baptisés du Saint-Esprit. Tous les enfants de Dieu ont donc reçu ce baptême et n'ont pas à le rechercher. Par contre, ils doivent aspirer à être remplis de l'Esprit, en vue d'un service utile pour le Maître.

En ce qui concerne les dons spirituels, les avis sont partagés parmi les adeptes de cette tendance. Certains d'entre eux pensent par exemple, que le don des langues a disparu. D'autres admettent que ce don peut encore exister mais, il ne faut pas le rechercher, car il est le moindre de tous les dons et ne sert pas à grand-chose. D'autres encore pensent que ce don controversé pourrait encore être utile à l'église.

B. Baptême du Saint-Esprit égale revêtement de puissance avec parler en langue

Dans bien des églises, on pense que chaque chrétien devrait rechercher ce baptême, qui est à considérer comme une expérience bien distincte de la nouvelle naissance et qui se produit après celle-ci. Le baptême de l'Esprit est alors décrit comme un débordement spirituel qui se manifeste par le don de parler en langues. Parfois, on dit que le chrétien peut connaître ce que l'on appelle des "onctions", sans avoir reçu la plénitude du baptême. C'est un peu comme quand on chauffe de l'eau. Elle peut atteindre 90 degrés et même 99 degrés mais, elle ne bout pas encore. C'est seulement quand elle atteindra 100 degrés qu'elle bouillira. De même, on n'est baptisé de l'Esprit que quand on reçoit cette plénitude, ce débordement qui s'exprime par le parler en langues. Étant baptisé de l'Esprit, on est revêtu de puissance pour servir Dieu.

C. Baptême du Saint-Esprit égale expérience charismatique variée

Ce que l'on appelle aujourd'hui "le renouveau charismatique" n'a guère de doctrine bien définie. Ce renouveau présente souvent un visage différent selon les pays et les milieux où il apparaît. En employant le terme "charismatique", nous ne parlons pas ici exclusivement de ce mouvement relativement récent. Ce qui est "charismatique" a trait aux dons spirituels. Dans divers milieux, on enseigne depuis longtemps et cela bien avant l'apparition du "renouveau charismatique", que le baptême du Saint-Esprit est un revêtement de puissance conférant des dons spirituels. Ce revêtement de puissance a normalement lieu après la conversion, mais, n'est pas obligatoirement suivi du parler en langues. La réception d'un autre don peut aussi être une manifestation du baptême spirituel. Le même enseignement est donné dans divers groupements de tendance charismatique d'origine plus récente.

Parfois, on entend dire que le parler en langue serait une possibilité offerte à tous les chrétiens. Mais, il n'est pas considéré comme le signe obligatoire du baptême de l'Esprit. Parfois, on met aussi davantage l'accent sur une vie sanctifiée, comme étant la manifestation la plus sublime de ce baptême. Parmi les chrétiens de cette "tendance", il existe donc aussi quelques nuances. Certains d'entre eux semblent vouloir éviter que le baptême de l'Esprit soit considéré essentiellement comme une expérience émotionnelle.

D. Baptême du Saint-Esprit égale baptême d'eau

Selon l'enseignement officiel de certaines églises, le baptême du Saint-Esprit a lieu en même temps que le baptême d'eau. C'est dans les eaux du baptême que Dieu met son sceau sur nous et nous adopte comme ses enfants. C'est à ce moment-là que le baptême spirituel et la nouvelle naissance nous sont donnés. En général, ces chrétiens interprètent d'une manière littérale le langage figuré de Jésus dans l'Évangile de Jean, lorsqu'il dit: *"Si un homme ne naît d'eau et d'Esprit il ne peut entrer dans le royaume de Dieu."* (Jean 3:5)

E. Baptême du Saint-Esprit égale événement unique dans l'histoire

Il y a aussi des chrétiens qui considèrent le baptême de l'Esprit essentiellement comme l'un des grands événements dans l'histoire de notre salut. Ils ont l'impression que chaque fois que la Bible parle de ce baptême, c'est en faisant allusion à l'effusion de l'Esprit, le jour de la Pentecôte, dans le livre des Actes. C'est ce jour-là que l'église de Jésus-Christ est née et c'est ce jour-là, qu'elle fut baptisée du Saint-Esprit. Ce baptême est donc un événement unique qui ne se renouvelle jamais, pas plus que la naissance de Jésus dans l'étable de Béthléhem, sa mort sur la croix ou sa résurrection le troisième jour. Mais, chacun de nous a besoin d'être régénéré et rempli de l'Esprit aujourd'hui. Seulement, cela ne s'appelle pas "le baptême de l'Esprit", puisque ce baptême a eu lieu une fois pour toutes, à la première Pentecôte.

Après ce bref résumé des diverses tendances, il faut seulement ajouter que ces différents courants traversent actuellement toutes les dénominations chrétiennes connues. On ne peut plus dire que tel chrétien appartenant à telle église aura obligatoirement telle conception du baptême du Saint-Esprit. Nous sommes souvent dans un pays sans frontières.

Pour celui qui ne sait pas encore ce qu'il faut croire, la difficulté est réelle. L'humble chercheur se trouve dans l'embarras du choix parmi toutes ces interprétations. Mais, il y a peut-être une autre solution…

Cependant, il faut d'abord essayer de comprendre, pourquoi la chrétienté a fourni une telle abondance de théories sur le baptême du Saint-Esprit.

Deuxième partie: LES CAUSES

1. *Notre connaissance fragmentaire*

Le phénomène des interprétations contradictoires au sujet du baptême du Saint-Esprit s'explique d'abord par une phrase de la Bible. Paul écrit dans 1 Corinthiens 13:9 que *"Nous connaissons en partie et nous prophétisons en partie."* Dans la version d'Alfred Kuen, cette même phrase est amplifiée et expliquée de la manière suivante: *"Notre science d'ailleurs est bien limitée, nous ne connaissons que quelques fragments de la vérité et même nos prédications les plus inspirées n'en reflètent qu'une faible partie."* Oui, en effet, notre connaissance est imparfaite et incomplète. Elle est fragmentaire et limitée.

Mais, ceci n'est pas tout. L'œuvre du Saint-Esprit fait aussi partie du surnaturel et l'irrationnel qui, par nature, échappe à une analyse parfaite. C'est ce que Jésus lui-même enseigne en disant: *"Le vent souffle où il veut, tu en entends le bruit, mais, tu ne sais pas d'où il vient, ni où il va. Il en est ainsi de tout homme qui est né de l'Esprit."* (Jean 3:8)

Nils Tägt est un théologien bien connu dans les pays scandinaves. Il exprime la même pensée dans son livre "Nous croyons au Saint-Esprit", où il écrit: *"Vouloir établir une théologie systématique sur l'œuvre du Saint-Esprit comporte beaucoup de risques. Il faut avancer avec prudence. Nous devons nous rappeler que nous ne pouvons jamais saisir entièrement toute la vérité du Saint-Esprit dans tous ses aspects. Mais, avec tous les enfants de Dieu nous expérimentons l'action de l'Esprit dans nos vies."*

N'oublions pas non plus que le Saint-Esprit est Dieu et que par conséquent, sa grandeur, sa puissance, sa sagesse et son intelligence sont insondables. C'est ce que l'apôtre Paul exprime si bien dans Romains 11:33-34, et qu'Alfred Kuen traduit ainsi: *"Merveilleuse complexité des plans de Dieu! Quelle richesse de grâce! Quelle profonde sagesse! Quelle science illimitée! Que ses décisions sont insondables et ses chemins mystérieux! Qui oserait se targuer de comprendre toute la pensée du Seigneur? Qui a été son conseiller?"*

En disant que l'œuvre du Saint-Esprit dépasse en grande partie notre entendement, nous ne voulons pas dire qu'aucune vérité ne puisse être affirmée. Chacun sait que les grandes vérités de la Bible sont parfaitement claires et précises. Mais, la Bible enseigne aussi qu'il y a des choses qui demeurent inaccessibles et cachées et que Dieu seul connaît. Le Seigneur n'a pas daigné nous révéler tous les secrets. Dans une parabole sur la croissance spirituelle, Jésus parle de la semence jetée en terre, image de la Parole divine qui porte du fruit grâce à l'arrosage de l'Esprit. Alors, concernant le semeur, Jésus dit: *"Qu'il dorme ou qu'il veille, nuit et jour, la semence germe et croît sans qu'il sache comment."* (Marc 4:27) Sans qu'il sache comment! Oui, parfois nous sommes témoins de cette action merveilleuse mais, inexplicable de l'Esprit de Dieu, dans les cœurs qui reçoivent la Parole. Mais, cette action ne se fait jamais selon un schéma. Et, les images et les illustrations de la Bible ne nous fournissent pas non plus ce schéma qui paraît si indispensable à beaucoup de chrétiens aujourd'hui. Nous devons tout simplement reconnaître que nous ne possédons pas toute la lumière sur cette œuvre surnaturelle et divine du Saint-Esprit.

Théoriquement, nous admettons sans doute notre ignorance et les limites de notre connaissance. Mais, il serait bon que cette humilité "théorique" devienne un peu plus pratique. Car celui qui est vraiment conscient de ses propres limites ne juge pas sévèrement celui qui dans quelques détails pense d'une autre manière. Et, il ne parle pas comme s'il avait réussi à résumer toute la vérité dans son propre système de pensée.

Que l'abondance des théories sur le baptême du Saint-Esprit ne vous décourage pas! Peut-être pensez vous qu'il faut obligatoirement se rallier à une de ces théories et rejeter toutes autres. Je ne suis pas de cet avis. Chacune des théories contient sans doute un ou plusieurs aspects d'un ensemble de vérités que nous avons tant de mal à saisir dans sa totalité.

Dans le livre de l'Ecclésiaste, nous trouvons un autre texte qu'il convient de citer maintenant, le voici: *"Dieu a fait toute chose belle en son temps, même il a mis dans le cœur de l'homme la pensée de l'éternité, bien que l'homme ne puisse pas saisir l'œuvre que Dieu fait, du commencement jusqu'à la fin."* (Ecclésiaste 3:11)

Dieu a fait toute chose belle! Oui, la création matérielle et visible est pleine de merveilles et de beauté. L'œuvre de salut et de sanctification que Dieu accomplit dans des vies humaines est belle, elle aussi. Mais, qui peut expliquer, comprendre et analyser parfaitement cette œuvre de l'Esprit du Seigneur? Depuis longtemps, nous essayons de le faire et cela a plutôt déchiré le corps de Christ. Le temps ne serait-il pas venu de reconnaître que nous sommes trop petits pour tout comprendre? L'Ecclésiaste n'a-t-il pas raison de dire que l'homme ne peut pas saisir l'œuvre que Dieu fait du commencement jusqu'à la fin? Seule une bonne dose d'humilité peut mettre fin à la polémique incessante sur le Saint-Esprit.

2. *Un esprit trop dogmatique*

Être dogmatique n'est pas forcément quelque chose de critiquable. C'est admettre certaines vérités et affirmer certains principes. J'utilise ici le mot plutôt dans le sens "exprimer ses opinions d'une manière absolue, catégorique et tranchante." En gardant ce sens du mot, il est dangereux d'être trop "dogmatique" à l'approche des textes bibliques. On risque alors justement d'élaborer un système doctrinal qui n'est pas biblique. Car la Bible ne contient pas toujours un ensemble de dogmes absolus en traitant toutes les matières.

Celui qui veut établir un schéma rigide de l'œuvre du Saint-Esprit, en s'appuyant sur des textes bibliques, rencontre des difficultés insurmontables. Certes, quelques-uns ont quand même réussi à les surmonter, grâce à des interprétations fort ingénieuses, qui bien souvent pourraient être qualifiées "d'acrobatie spirituelle", selon l'expression qu'utilisait André Malraux en parlant du "jeu des idées".

En disant cela, je ne vise ni les "charismatiques", ni les "non-charismatiques", car il y a des acrobates des deux côtés. Celui qui veut prouver que telle expression biblique se limite toujours à décrire telle action de l'Esprit sera toujours obligé de s'adonner à cette acrobatie. Autrement, son système d'interprétation ne tiendra pas debout. Soyons sans préjugés!

Est-ce étonnant que bien des chrétiens considèrent le baptême du Saint-Esprit comme un revêtement de puissance pour le service de Dieu? Pas du tout. C'est ce que chaque chrétien peut lire dans la Bible sans équivoque possible. Regardons!

Jésus donna deux ordres à ses disciples. D'abord, l'ordre d'aller évangéliser le monde. Puis, un autre ordre auquel il fallait obéir avant de partir évangéliser. *"Voici"*, leur dit-il, *"J'enverrai sur vous ce que le Père a promis, mais, vous restez dans la ville jusqu'à ce que vous soyez revêtus de la puissance d'en haut."* (Luc 24:49)

Ce que le Père avait promis était donc, d'après les paroles de Jésus, un revêtement de puissance dont les disciples avaient besoin pour accomplir leur mission. Plus tard, le Seigneur Jésus recommanda de nouveau à ses disciples *"de ne pas s'éloigner de Jérusalem, mais d'attendre ce que le Père avait promis, ce que je vous ai annoncé,"* leur dit-il, *"car Jean a baptisé d'eau mais, vous, dans peu de jours, vous serez baptisés du Saint-Esprit."* (Actes 1:4)

Une deuxième fois, Jésus leur parla donc de ce que le Père avait promis. Mais, au lieu de dire comme la première fois, *"Vous serez revêtus de la puissance d'en haut"*, il change de vocabulaire et dit: *"Vous serez baptisés du Saint-Esprit."* Un lecteur impartial de ces textes bibliques comprend tout naturellement que ces deux expressions "revêtement de puissance" et "baptême du Saint-Esprit" désignent une seule et même réalité.

Certes, il y a des théologiens renommés qui pensent qu'il ne faut absolument pas confondre "le revêtement de puissance" avec "le baptême du Saint-Esprit". Mais, je me demande comment les disciples qui n'ont entendu que les paroles de Jésus et qui n'ont pas connu les explications de ces théologiens du vingtième siècle, ont pu éviter de penser que ces deux expressions étaient équivalentes.

Une autre question: est-ce surprenant que beaucoup de chrétiens pensent avoir part au baptême du Saint-Esprit depuis leur nouvelle naissance? Pas du tout. L'apôtre Paul, qui a probablement écrit treize épîtres dans le Nouveau Testament, utilise l'expression "baptisé du Saint-Esprit" une seule fois. C'est dans sa première lettre aux Corinthiens, où il écrit: *"Nous avons tous, en effet, été baptisés dans un seul Esprit pour former un seul corps... nous avons tous été abreuvés d'un seul Esprit."* (1Corinthiens 12:13)

Il est sans doute vrai que tous les chrétiens n'ont pas bu autant à la source de l'Esprit. Mais, tout chrétien a quand même bu un peu, autrement, il ne serait pas chrétien. Il a, en effet, été abreuvé de l'Esprit. Il a donc été baptisé de l'Esprit également. Selon l'apôtre Paul, c'est par ce baptême que le corps de Christ, c'est à dire l'église universelle, est formé. Le livre des Actes nous dit clairement comment on entre dans cette église universelle et comment on devient ainsi un membre du corps de Christ. Il nous est dit que *"le Seigneur ajoutait chaque jour à l'église ceux qui étaient sauvés."* (Actes 2:47) Selon l'auteur du livre des Actes, on entre dans l'église en acceptant le salut en Jésus Christ. Selon Paul, l'église est formée par ceux qui sont baptisés du Saint-Esprit. Alors, est-ce si surprenant que beaucoup de chrétiens pensent que tous ceux qui sont sauvés sont aussi baptisés du Saint-Esprit? Cela paraît tout à fait logique.

D'ailleurs, la Bible parle aussi "du baptême de la régénération". C'est encore l'apôtre Paul qui utilise cette expression: *"Il nous a sauvés... par le baptême de la régénération et du renouvellement du Saint-Esprit"*, écrit-il dans Tite 3:5. Il est vrai que la plupart des versions utilisent plutôt le mot "bain" ou "lavage", en traduisant ce texte. Mais, cela est très proche de la notion du baptême qui veut dire littéralement "immersion".

En effet, la nouvelle naissance peut être comparée à un bain spirituel, un lavage purificateur, une rénovation de notre homme intérieur. C'est une image fournie par la Bible elle-même. La nouvelle naissance est donc un baptême spirituel.

Ceux qui voient le baptême du Saint-Esprit uniquement comme un revêtement de puissance, bien distinct de la nouvelle naissance, ont d'ailleurs de réelles difficultés pour explique le texte dans 1 Corinthiens 12:13, que nous venons de citer. Un auteur de cette tendance écrit: *"Ce verset parle du baptême spirituel survenant dès que l'on reçoit Jésus comme sauveur. Cette expérience est suivie du baptême de l'Esprit par lequel le Saint-Esprit résidant maintenant dans le croyant déborde pour manifester Jésus au monde à travers sa vie."*

Cet auteur se voit donc obligé de parler de DEUX BAPTÊMES SPIRITUELS différents et distincts. Autrement dit, le vocabulaire biblique crée des problèmes pour son système théologique. Mais, plutôt que de critiquer ses propos, je dirai que nous touchons peut-être ici à la solution même de notre problème.

Réfléchissons un peu. L'auteur en question souligne d'abord que nous recevons le baptême de la nouvelle naissance en acceptant Jésus comme Sauveur. Ensuite, ajoute-t-il, le Saint-Esprit résidant en nous désire manifester Jésus au monde à travers nos vies! Ces deux aspects de l'œuvre de l'Esprit sont reconnus par tous les chrétiens. Mais, manifestement les deux sont compris dans les mêmes mots et expressions bibliques. Le baptême de l'Esprit est donc quelque chose de beaucoup plus grand et beaucoup moins restrictif que l'on pense en général.

Il est facile de fabriquer des "dogmes" en mettant des textes bibliques ensemble. Mais, les "dogmes" seront différents, selon les textes que l'on choisit. Ceux qui mettent Luc 24:49 et Actes 1:4 ensemble diront: *"Le baptême du Saint-Esprit est un revêtement de puissance pour le service de Dieu. "* Ceux qui mettent 1 Corinthiens 12:13, Actes 2:47 et Tite 3:5 ensemble diront: *"Le baptême de l'Esprit est notre nouvelle naissance."*

Pourquoi le baptême de l'Esprit ne serait-t-il pas tout cela et bien plus encore?

La Parole de Dieu dit *"qu'il faut éviter les querelles de mots et les controverses vaines et stupides"*. (2 Timothée 2:14, 23). En effet, ne vaudrait-il pas mieux adorer à la place de dogmatiser et laisser libre la colombe de l'Esprit plutôt que de chercher à l'enfermer dans la cage de nos idées préconçues?

Troisième partie: LA SOLUTION

1. Retour à l'essentiel

En termes théologiques, la doctrine du Saint-Esprit se nomme "pneumatologie". Malgré toute la controverse qui existe dans ce domaine, il est certain que tous les chrétiens, qui considèrent la Bible comme étant la Parole inspirée de Dieu, ont une pneumatologie pratiquement identique. Une telle affirmation peut peut-être paraître étrange. Mais, il faut noter que la controverse porte sur quelques points secondaires, qui malheureusement ont pris des proportions énormes.

Molière disait: *"La parfaite raison fuit toute extrémité et veut que l'on soit sage avec sobriété."* C'est une phrase qui mérite réflexion. Nous aurions bien besoin de cette sagesse, qui ramène le peuple de Dieu à ce qui est essentiel, en évitant les extrémités.

Essayons de faire un résumé de l'enseignement biblique sur le Saint-Esprit. Cela nous permettra sans doute de trouver un terrain d'entente, où tous les chrétiens pourront se rencontrer. Voici notre résumé:

Le Saint-Esprit est Dieu. Il est la troisième personne de la trinité divine. (Job 33:4, 1 Corinthiens 2:10-11, Actes 5:3-5, Matthieu 28:19)

Le Saint-Esprit est donc une personne et non pas, une force impersonnelle. En effet, il parle, il enseigne, il rappelle, il peut être attristé, etc… (Apocalypse 2:7, Jean 14:26, Ésaïe 63:10)

Le Saint-Esprit convainc le pécheur de son péché et crée une soif de pardon et de salut dans son cœur. (Jean 16:8, Actes 2:37)

Le Saint-Esprit glorifie Jésus-Christ et attire les hommes à lui. (Jean 16:14, Apocalypse 22:17.

Le Saint-Esprit fait renaître le pécheur repentant à une vie nouvelle. (Jean 3:3-5, Tite 3:5).

Le Saint-Esprit fait sa demeure dans le cœur du chrétien, lui apporte paix et joie et le réconforte dans ses épreuves. Jean 14:16-18, 1 Thessaloniciens 1:6)

Le Saint-Esprit verse l'amour de Dieu dans le cœur du chrétien et le façonne, pour qu'il ressemble de plus en plus à Jésus-Christ. (Romains 5:5, Galates 5:22)

Le Saint-Esprit enrichit l'église de ses dons. Il qualifie des hommes et des femmes pour le service de Dieu. Il est la source de toute puissance dans le témoignage chrétien. (1 Corinthiens 12:7-11, Actes 1:8)

Le Saint-Esprit ressuscitera un jour nos corps mortels pour que nous vivions pour toujours avec le Seigneur. (Romains 8:11)

Certes, cette liste pourrait s'allonger bien plus encore. Mais, nous croyons avoir dit l'essentiel. Tout chrétien de n'importe quelle "tendance" peut certainement souscrire à ce résumé de doctrine. L'unité semble donc parfaite en ce qui concerne l'essentiel. Oui, et nous sommes pourtant plus divisés que jamais justement concernant cette œuvre du Saint-Esprit. Quel paradoxe! Je crois que cela doit attrister le Saint-Esprit plus que toute autre chose aujourd'hui.

Le premier pas vers une solution de notre problème est de redécouvrir tout ce qui unit les chrétiens dans ce domaine, au lieu de fixer nos regards sur les détails qui nous séparent les uns des autres. Si dans toutes les églises, l'enseignement portait sur l'essentiel de l'œuvre du Saint-Esprit sans chercher à établir un schéma pour son action, la pneumatologie ne serait plus un sujet de division parmi les chrétiens mais, plutôt un facteur d'unité.

Pourtant revenir à l'essentiel implique sans doute plus que de faire un résumé de doctrine. L'œuvre du Saint-Esprit sera toujours quelque chose que l'on vit plutôt que quelque chose que l'on explique. Bien sûr, nous devons étudier ce que la Bible enseigne sur le Saint-Esprit, puisque c'est un sujet très important. Mais, se spécialiser sur l'étude du Saint-Esprit et des dons spirituels ne conduit pas forcément ni à l'unité, ni à une piété authentiquement scripturaire. Peut-être aurions-nous quelque chose à apprendre du pasteur Lewi Pethrus, fondateur d'une des plus grandes églises évangéliques de l'Europe, l'Assemblée de Filadelfia à Stockholm avec plus de six mille membres et leader du

Mouvement de Pentecôte en Suède pendant de longues années. Dans ses mémoires, il raconte ceci:

"Pendant une assez longue période, notre église traversait une véritable sécheresse spirituelle. J'ai sondé mon propre cœur pour en comprendre la raison. Alors, j'ai compris que ma prédication et mon enseignement étaient trop partiels. La plupart de mes prédications avaient pour thème le baptême du Saint-Esprit et les dons spirituels. Il était un peu normal qu'il en soit ainsi pendant un certain temps, car c'était là des vérités méconnues et négligées. Il fallait donc les remettre en valeur. Mais, je me suis rendu compte que j'étais allé trop loin. Je n'avais pas assez parlé du fondement de notre salut, à savoir la croix et la rédemption accomplie par Jésus-Christ. Tout en prêchant sur le Saint-Esprit, j'avais l'impression que l'Esprit était attristé. Pour corriger mon erreur et venir au secours de mon église, j'ai décidé de prêcher tous les dimanches après-midi sur la croix et la rédemption accomplie. Après peu de temps, la situation changea totalement et les bénédictions de Dieu se répandaient de nouveau sur notre église. Cela fut pour moi une leçon que j'ai retenue pendant toute ma vie."

Effectivement, le Saint-Esprit n'est pas venu dans le monde pour parler de lui-même mais, pour glorifier Jésus-Christ. Une église remplie du Saint-Esprit sera toujours et avant tout une église qui témoigne du Sauveur et qui glorifie son nom. A mon avis, c'est cela l'essentiel.

2. *Une conception plus large*

L'enseignement de l'Écriture sur le Saint-Esprit ressemble davantage à une fontaine d'eau vive qu'à un système dogmatique fermé. Le vocabulaire et les illustrations sont riches et variés, mais pas liés à des principes ultra-rigides. Parfois, le même mot peut exprimer plusieurs vérités différentes et parfois des expressions différentes désignent la même réalité. Nous ne pouvons pas faire ici une étude détaillée sur toutes les expressions bibliques désignant la communication du Saint-Esprit. Nous devons nous contenter d'un court résumé.

D'après la Bible, les hommes sont régénérés, baptisés et remplis de l'Esprit. Ils sont revêtus de puissance par le même Esprit. Il y a des textes qui parlent du sceau de l'Esprit et de l'onction de l'Esprit. Parfois, le Saint-Esprit tombe ou descend sur des personnes. Il vient sur eux, il les conduit, il les envoie. L'église croît par l'assistance du Saint-Esprit. C'est lui qui convainc le pécheur de son péché, qui glorifie le Sauveur, qui rappelle les paroles du Seigneur à ses disciples, qui les enseigne et les instruit. Dans l'église, c'est encore lui qui distribue les dons à chacun en particulier, comme il veut. La Bible dit également que l'Esprit est en nous et avec nous. Parfois, il saisit telle personne pour la qualifier pour une tâche déterminée. Parfois, il nous est dit simplement que les hommes reçurent l'Esprit. Il est également répandu sur l'église et sur toute chair. Il est envoyé dans nos cœurs. Il demeure avec nous, etc…

A l'intention de ceux qui désirent approfondir l'étude du vocabulaire biblique à ce sujet, nous fournissons ici la liste des textes où l'on trouve ces expressions diverses: Jean 3:5-8, Tite 3:5, 1 Corinthiens 12:13, Actes 2:4, Juges 6:34, Luc 24:49, Ephésiens 1:13, 4: 30, 2 Corinthiens 1:21-22, Actes 10:38, 44, Actes 1:8, 19:6, Luc 2:25-27. Actes 13:4, Actes 9:31, Jean 16:8, 14, Jean 14:26, 1 Corinthiens 12:4-11, Jean 14:17, Juges 14:6, 1 Samuel 10:10, Actes 2:17-33, Galates 4:6, Actes 14:16.

Le Saint-Esprit est comparé à l'huile qui coule et qui fait briller la lampe. Il est aussi le feu qui consume et qui réchauffe. Il est le vent qui souffle et l'eau qui désaltère. Tout cela, et bien d'autres choses encore.

Je veux bien admettre que chacune de ces expressions et images puisse parfois correspondre à une action précise et déterminante de l'Esprit et que cela se répète. Mais, je suis aussi persuadé qu'il y a beaucoup moins de théologie systématique sur les pages de la Bible que dans tous les commentaires écrits au cours des siècles. Nous nous glorifions parfois de notre esprit cartésien et logique. Nous pensons qu'il faut placer sous chaque expression biblique une vérité différente. Nous classons ensuite nos "vérités" dans des casiers, d'où nous pouvons après sortir les preuves de la solidité de notre système de pensées. Mais, est-ce si sûr que les auteurs de la Bible avaient l'intention d'élaborer un tel système? Non pas que la Bible soit dénuée de logique, mais, il s'agit peut-être d'une autre logique que celle que nous voulons parfois imposer à ce livre saint.

Le pasteur Jules Thobois était bien connu dans les églises de tendance charismatiques. Dans le Carnet de "Croire et Servir" paru en 1962 intitulé "La Mission d'évangéliser", il exposa sa conception de l'œuvre du Saint-Esprit dans le cœur de l'homme et dans l'église. Cet exposé demeure d'un grand intérêt et nous nous permettons d'en citer une partie.

"Le Seigneur lui même enseigne que la première œuvre du Saint-Esprit consiste à éveiller l'homme par une illumination intérieure et à le convaincre de réalités qu'il ignorait jusque là: le péché, la justice et le jugement. L'homme se découvre alors tel qu'il est: perdu. Cette première conviction est de toute importance. C'est elle qui crée le besoin du salut et de la réconciliation, le besoin de croire au Fils de Dieu.

A cette révélation de perdition, le Saint-Esprit fait aussitôt succéder une révélation du salut. Le Saint-Esprit ne laisse pas l'homme en tête à tête avec sa perdition, ce qui le mènerait infailliblement au désespoir, mais il lui rend immédiatement le témoignage que la justice de Dieu est satisfaite: le salaire du péché (c'est à dire la mort) a été payé. Christ a expié pour nous sur la croix. Désormais, nous ne viendrons pas en jugement. Nos péchés sont pardonnés.

Mais, le pardon des péchés et la purification des cœurs ne sont pas toute l'œuvre de la grâce. L'homme pardonné a aussi besoin d'être régénéré, de changer de nature et devenir une nouvelle créature. C'est ce que le Seigneur Jésus appelle la naissance de l'Esprit. C'est ce que Paul appelle le baptême de régénération par le Saint-Esprit. C'est déjà le baptême du Saint-Esprit qui commence à se manifester. Notre régénération en Christ est une première manifestation de ce baptême de l'Esprit.

Cependant le Saint-Esprit ne se contente pas de nous convaincre et de nous régénérer. Il nous adopte. Il nous scelle en Christ. Il fait habiter et vivre Christ en nous. Il nous ajoute à l'église non au titre d'adeptes, mais en nous unissant à la tête et aux membres du corps de Christ. Le Saint-Esprit nous immerge dans ce corps qui est l'église. Il s'agit aussi d'une manifestation du baptême du Saint-Esprit. Nous avons tous, en effet, été baptisé en un seul Esprit pour former un seul corps. Quand le Saint-Esprit est là, les différences de races, de situation, de nationalité n'ont plus cours. Nous devenons membres du corps de Christ, qui que nous soyons.

Livrés à nous-mêmes, nous n'aurions pas pu connaître le salut. De même livrés à nous mêmes, nous ne pourrions apporter aux autres ce salut accompli. C'est seulement sous la conduite et la puissance de l'Esprit de Dieu que nous pourrons nous approcher des perdus et leur faire entendre et accepter la bonne nouvelle de l'évangile de Jésus-Christ. Le Saint-Esprit désire s'emparer de nous pour le témoignage et l'œuvre de l'évangélisation. Car le baptême du Saint-Esprit que le Seigneur avait promis à ses disciples au moment de les quitter et qu'ils ont connu à la Pentecôte, n'est pas seulement un baptême de régénération pour une vie nouvelle, ni un baptême d'unité spirituelle pour constituer le corps de Christ. C'est aussi un baptême de puissance pour porter le témoignage. "Vous recevrez une puissance, le Saint-Esprit survenant sur vous et vous serez mes témoins."

Nous avons eu besoin du Saint-Esprit pour nous approprier le salut et constituer l'église du Seigneur. De même nous avons besoin du Saint-Esprit pour servir le Maître. C'est seulement après avoir été revêtus de la puissance du Saint-Esprit que les apôtres ont pu entreprendre et mener à bien l'évangélisation du monde."

En tenant compte de l'ensemble des textes bibliques en la matière, l'auteur arrive donc à la conclusion que le baptême du Saint-Esprit s'étend à plusieurs domaines de notre vie de chrétien. Notre nouvelle naissance est une première manifestation de ce baptême. L'amour qui unit les membres du corps de Christ en est une autre. Le revêtement de puissance pour le service de Dieu en est encore une autre. Il est certain que si tous les chrétiens, quelles que soient leurs tendances différentes, avaient médité un peu sur cet exposé, nous aurions évité beaucoup de polémique inutile.

Si nous acceptons cette conception plus large du Baptême de l'Esprit, nous pouvons sans problème considérer tous les chrétiens comme ayant part à ce baptême. En même temps, nous pouvons aussi faire nôtre la prière d'un cantique connu qui dit: "Oh! Viens, Esprit de Dieu! Fais nous sentir ta présence, Revêts-nous de ta puissance et baptise nous de feu! Esprit de Dieu! Baptise-nous de feu!"

Je sais bien que certains trouvent contradictoire de se considérer comme "baptisé de l'Esprit" et en même temps demander à Dieu d'être revêtu de puissance et baptisé de feu. Mais, si cela est contradictoire, il y a beaucoup d'autres "contradictions" de la même nature dans la Bible. Prenons-en quelques exemples.

La Bible dit que *"Nous sommes sanctifiés par l'offrande du corps de Jésus-Christ une fois pour toutes."* (Hébreux 10:10) Elle nous exhorte aussi à *"rechercher la sanctification."* (Hébreux 12:14)

Si nous sommes sanctifiés une fois pour toutes, pourquoi avons-nous besoin de rechercher la sanctification? Cela peut paraître contradictoire. Mais, il en n'est rien. Par le sacrifice parfait de Jésus-Christ, nous sommes purifiés de toutes souillures, nous sommes pardonnés de toutes nos fautes, si nous avons mis notre confiance en lui. Mais, la sanctification est aussi une marche, une croissance et dans ce domaine, nous avons encore des progrès à faire. C'est pour cela que nous devons rechercher la sanctification dans notre vie de tous les jours.

Quand l'apôtre Paul s'adresse aux chrétiens de Corinthe, qui selon lui étaient déjà baptisés dans un seul Esprit, il les exhorte en disant: *"Aspirez aux dons spirituels!"* (1 Corinthiens 14:1) En effet, si celui qui est "saint en Christ" a besoin de rechercher la sanctification, celui qui est baptisé du Saint-Esprit, est encouragé à aspirer aux dons spirituels.

Laissons parler notre cœur. Pour accomplir de nouvelles tâches et assumer de nouvelles responsabilités dans le service de Dieu, qui d'entre nous n'éprouve pas le besoin d'être revêtu de la puissance d'en haut? Nous avons tous goûté certains bienfaits du baptême de l'Esprit, mais nous n'avons pas encore épuisé la source divine. Dans la vie chrétienne et dans le service du Maître, il y a toujours une place pour "davantage."

3. Redécouverte de la diversité de la vie

Dans son livre sur le Saint-Esprit, John Stott écrit: *"Le Dieu vivant de la nature et de l'Écriture est un Dieu de diversité riche et coloré. Il a créé chaque être humain, chaque brin d'herbe, chaque flocon de neige différent des autres. Plus je vis, plus je deviens hostile à tous les stéréotypes. Il y a une riche diversité d'expériences spirituelles et une riche diversité de dons spirituels."*

En effet, Dieu ne fabrique pas des reproductions ou des copies. Dans le livre nommé les Actes des apôtres, Luc relate un certain nombre d'expériences spirituelles vécues par les premiers chrétiens. Qu'est-ce qui caractérise ces expériences? N'est-ce pas justement leur diversité?

Une première constatation s'impose après la lecture du livre des Actes.

C'est que l'Esprit se manifeste parfois d'une manière soudaine et même inattendue. Il remplit les cœurs et distribue ses dons instantanément. Dans la description de ces effusions soudaines et subites, le verbe est au passé simple, puisque c'est le temps qui marque un fait achevé dans le passé. Dans l'original, la forme "aoriste" exprime la même chose.

Regardons donc d'abord les effusions soudaines décrites par Luc. Il y en a au moins six, toutes différentes les unes des autres, mais avec des traits similaires.

A – Feu du ciel et vent violent

L'événement de la Pentecôte à Jérusalem occupe bien entendu une première place. En lisant Actes 2:1-4, nous apprenons qu'un vent impétueux et des langues semblables à du feu accompagnèrent la venue de l'Esprit. Sous son inspiration, les disciples se mirent à proclamer les merveilles de Dieu dans des langues qu'ils n'avaient jamais apprises. Ensuite, Pierre annonça la Parole de Dieu avec une telle ferveur que trois mille nouveaux disciples naquirent à une vie nouvelle ce même jour.

Certaines des manifestations décrites à la Pentecôte ne sont plus jamais mentionnées dans le livre des Actes. La Pentecôte est donc un événement unique et extraordinaire. Elle est l'inauguration d'une ère nouvelle. Elle ne se répète pas, mais, elle continue! C'est ce qui ressort clairement de la suite de notre lecture.

B. Réunion de prière avec tremblement de terre

Peu de temps après la Pentecôte, l'église de Jérusalem fut victime d'une violente persécution. Alors, les chrétiens se réunirent pour prier. *"Quand ils eurent prié, le lieu où ils étaient assemblés trembla et ils furent tous remplis du Saint-Esprit et ils annonçaient la Parole avec assurance."* (Actes 4:31) Remarquez que le lieu ne trembla pas parce qu'ils avaient prié en criant très fort ou en sautant. Le tremblement de terre intervint quand ils avaient terminé leur prière. Pourtant cette réunion de prière n'était sans doute pas particulièrement calme et silencieuse. Car, le texte nous dit *"qu'ils élevèrent la voix vers Dieu tous ensemble."* Que la prière prenne la forme d'un cri de détresse collectif dans une situation de crise n'est pas surprenant. Mais, ce qui est important, c'est que les disciples reçurent la force de proclamer la Parole de Dieu avec hardiesse malgré la persécution. Un peu plus loin, le texte nous dit que *"les croyants n'étaient qu'un cœur et qu'une âme."* (Actes 4:32). Amour fraternel, générosité, unité d'esprit et hardiesse pour le témoignage, voilà les conséquences de cette effusion de l'Esprit.

C. Vie abondante pour des jeunes chrétiens

Ensuite Luc nous raconte le cas des nouveaux convertis en Samarie (Actes 8). C'est un diacre, nommé Philippe, que le Seigneur utilisa pour évangéliser cette région. Le diacre s'avéra être aussi un évangéliste sans doute revêtu d'un don de guérison. Car beaucoup de miracles accompagnèrent sa prédication et un grand nombre de samaritains acceptèrent Christ et furent baptisés. La nouvelle que les samaritains avaient reçu la Parole de Dieu parvint aux oreilles des apôtres à Jérusalem. Alors, Pierre et Jean descendirent en Samarie. Ils découvrirent que les nouveaux disciples avaient besoin de quelque chose de plus. La chaleur, l'enthousiasme et la hardiesse pour confesser Christ leur manquaient probablement. Alors, les apôtres prièrent pour eux afin qu'ils reçoivent le Saint-Esprit.

L'évangéliste D.L. Moody disait que ces samaritains reçurent le Saint-Esprit en vue du service et du témoignage. Pour lui, il ne s'agissait donc pas d'une réception initiale puisque ces samaritains avaient cru la Parole de Dieu et Philippe les avait baptisés. Et, il est sans doute difficile d'imaginer que Philippe, homme plein d'Esprit-Saint et de sagesse, ait baptisé une foule d'inconvertis en Samarie. Non, ils étaient plutôt des nouveaux convertis qui venaient de naître à la vie nouvelle. Et, le but de l'intercession des apôtres n'était pas de les amener à la conversion et à la nouvelle naissance, mais de leur donner un équipement pour le service de Dieu.

En tout cas, il se passa quelque chose lorsque les apôtres imposèrent les mains aux nouveaux convertis samaritains. Car, *"Simon le magicien, vit que l'Esprit fut donné à ce moment-là,"* écrit Luc. Oui, Simon vit, mais qu'est-ce qu'il vit? Le texte ne le dit pas et je ne me livrerai pas à des spéculations. Mais, il est vrai que quelqu'un peut être rempli de l'Esprit au point de rayonner de joie, de paix et d'amour pour le Seigneur. C'est ce qui est arrivé à une jeune fille lors d'une réunion biblique dans un camp de jeunes. Son cœur fut rempli d'une paix et d'une joie ineffable. Elle n'a pas dit un mot en retrouvant ses copines, mais celles-ci en voyant son visage rayonnant s'exclamèrent: "Mais, qu'est-ce qui t'est arrivé?" C'est peut-être tout simplement une manifestation semblable qui a frappé le regard de Simon en Samarie.

D. Le persécuteur transformé en apôtre

Le quatrième exemple est celui du persécuteur Saul de Tarse qui fut transformé en l'apôtre Paul. Sur le chemin de Damas, il rencontra le Christ vivant, devint aveugle et passa trois jours dans la prière sans manger ni boire. Alors, un chrétien du nom d'Ananias vint le trouver et lui dit: *"Saul, mon frère, le Seigneur Jésus, qui t'est apparu sur le chemin par lequel tu venais, m'a envoyé pour que tu recouvres la vue et que tu sois rempli d'Esprit Saint. Aussitôt, il tomba de ses yeux comme des écailles, et il recouvra la vue. Il se leva et fut baptisé, et après avoir pris de la nourriture, il retrouva ses forces." (Actes 9:17-19).*

Comment savons-nous que Saul fut réellement rempli du Saint-Esprit au moment de recouvrer la vue et se faire baptiser? Facile, diront quelques-uns, car il dit lui-même dans une de ses épîtres qu'il parlait en langue plus que tous. Oui, c'est vrai qu'il a écrit cela, mais, nous ne savons pas quand il a commencé à exercer ce don. Il ne l'a pas dit lui-même et Luc n'en parle pas dans le livre des Actes. Mais, il dit autre chose sur Saul. Il dit *"qu'aussitôt il se mit à prêcher Jésus dans les synagogues en disant que c'était le Fils de Dieu"* (Actes 9:20). Un peu plus loin, il ajoute que *"Saul se fortifiait de plus en plus et confondait les juifs qui habitaient Damas en démontrant que Jésus est le Christ.*" (Actes 9:22). Une passion pour gagner des âmes et une capacité extraordinaire de savoir utiliser ses connaissances pour proclamer l'évangile, voilà concrètement ce que l'Esprit donna à Saul de Tarse en faisant de lui l'apôtre Paul.

E. Pentecôte chez les païens

Ensuite, Luc nous emmène aussi chez un chef militaire nommé Corneille. Cet homme était d'origine païenne, mais depuis longtemps, il cherchait le vrai Dieu. Lui et ses amis étaient tous ouverts au message que l'apôtre Pierre est venu leur annoncer. La prédication que Pierre apporta chez Corneille était très simple et tout a fait centré sur Jésus. Mais, avant qu'il arrive à la fin de son discours, le Saint-Esprit descendit sur l'auditoire et tout le monde fut surpris d'entendre Corneille et ses amis *parler en langues et exalter Dieu.* (Actes 10:46). Cette fois-là, une joie débordante et des louanges à Dieu suivirent l'effusion de l'Esprit. Manifestement, Corneille et ses amis furent nés de nouveau et remplis de l'Esprit en même temps.

F. Disciples ignorants devenant piliers d'Église

Enfin, nous avons le cas des douze disciples d'Éphèse. Paul leur posa la question: *"Avez-vous reçu l'Esprit Saint quand vous avez cru?" Ils répondirent: "Nous n'avons même pas entendu dire qu'i y ait un Saint Esprit."* (Actes 19:2) Paul les enseigna alors davantage. Ensuite, ils furent baptisés d'eau au nom du Seigneur Jésus. En leur imposant les mains, Paul pria pour eux. *"Le Saint-Esprit vint sur eux et ils se mirent à parler en langue et à prophétiser."* (Actes 19:6)

Au moment de leur imposer les mains, Paul les considérait sans aucun doute comme de vrais disciples de Christ. Il venait de les baptiser d'eau et les apôtres ne baptisaient que ceux qui avaient accepté Christ comme Sauveur et Maître. Ces hommes étaient ignorants de beaucoup de choses, c'est vrai, mais Paul ne les a pas laissé dans leur ignorance. Ces douze hommes remplis du Saint-Esprit furent probablement les premières colonnes dans l'œuvre glorieuse qui s'accomplit plus tard à Éphèse.

Le livre des Actes sous-entend peut-être d'autres cas d'effusions subites du Saint-Esprit. Je ne cite qu'un exemple. Quand Pierre s'adressa au Sanhédrin, il le fit en étant rempli du Saint-Esprit. Cela signifie probablement qu'il fut rempli de nouveau à cette occasion. Cela montre en tout cas que la plénitude se renouvelait souvent. Mais, les six cas que nous venons de citer sont vraiment explicites.

Avez-vous remarqué la diversité de ces manifestations de l'Esprit? C'est seulement à la Pentecôte qu'un vent violent et des langues semblables à du feu accompagnèrent sa venue. Une seule fois, la terre trembla. La prophétie est mentionnée deux fois, à la Pentecôte et à Éphèse. Une fois la manifestation est même incertaine. Nous savons seulement qu'elle était visible, donc pas forcément audible. Seulement trois fois sur six, le don des langues est mentionné. Mais, l'amour fraternel, la générosité, la joie et la hardiesse suivent toujours l'effusion de l'Esprit.

S'il y a diversité quant aux manifestations visibles et audibles, il en est de même concernant le nom donné à ce genre d'expériences. D'aucuns parleraient peut-être de ces six cas de "baptême dans l'Esprit" dans le livre des Actes. Et, il est vrai que Jésus lui-même utilisa ce terme en annonçant d'avance le miracle de la Pentecôte. Mais, lorsque Luc devait relater l'accomplissement de cette promesse de Jésus, il utilisa le terme *"rempli de l'Esprit"*.

Le baptême et la plénitude semblent donc se confondre cette fois-là. Également, après la descente de l'Esprit chez Corneille, Pierre se rappela ces mêmes paroles du Christ. *"Vous serez baptisés du Saint-Esprit."* (Actes 11:18) Seulement, quand Pierre raconta tout cela aux chrétiens de Jérusalem, vous remarquerez qu'ils dirent alors:" *Dieu a donc accordé la repentance aux païens, afin qu'ils aient la vie.* (Actes 11:18).

Manifestement, pour eux le baptême de l'Esprit était donc une conséquence directe de la repentance et avait le sens de "recevoir la vie", c'est à dire "naître de nouveau". Ceci prouve encore une fois que "le baptême de l'Esprit" n'est pas un terme limitatif. Il est implicitement applicable aux diverses effusions subites de l'Esprit que nous venons de nommer. Mais, le texte descriptif utilise explicitement d'autres termes. Trois fois, l'auteur choisit l'expression "remplis de l'Esprit."

Dans les autres cas, il nous est dit que "l'Esprit descendit" ou que "l'Esprit vint sur eux" ou tout simplement "qu'ils reçurent l'Esprit." Il y a donc diversité quant à la forme extérieure de ces expériences et également quant aux noms qui leur sont donnés.

Gardons-nous de vouloir uniformiser ce qui par nature est diversifié. Et, pourquoi discuter les termes qu'il faut employer pour désigner nos expériences spirituelles quand la Bible en connaît plusieurs?

Mais, le livre des Actes ne connaît pas seulement les manifestations subites du Saint-Esprit. Dans le verset 52 du chapitre 13, nous lisons: *"Les disciples ÉTAIENT remplis de joie et d'Esprit Saint."* Ici, ce n'est pas le passé simple, mais l'imparfait, qui est utilisé. Il ne s'agit donc pas d'une expérience unique et ponctuelle, mais de quelque chose qui demeure et qui se renouvelle continuellement. C'est pour cette raison que divers traducteurs ont rendu ce verset avec quelques différences, comme par exemple: "Ils étaient remplis de plus en plus", ou encore "Ils restaient remplis du Saint-Esprit."

Les renouveaux spirituels instantanés sont souvent émouvants et exaltants. Mais malgré cela, leur importance est secondaire, car s'ils ne sont pas suivis du renouveau ils pâliront vite.

Notons aussi que le livre des Actes nous présente des hommes *"pleins du Saint-Esprit et de foi, pleins de sagesse et d'Esprit etc."* (Actes 6:3,5 ; 11:24) Le but de toutes les expériences spirituelles, aussi bien ponctuelles que continuelles, est de faire de nous des hommes et des femmes spirituels et pleins d'Esprit, comme dit Luc. En d'autres termes, l'essentiel n'est pas de pouvoir témoigner d'une ou plusieurs grandes expériences, mais d'ÊTRE spirituel dans notre vie et dans notre comportement. Ce qui compte, ce n'est pas ce que nous avons expérimenté mais ce que nous SOMMES, suite à nos expériences avec Dieu.

Ne vous tracassez pas trop non plus pour arriver à un certain type d'expériences. Un récipient peut être rempli par une pluie torrentielle, mais il peut aussi l'être goutte à goutte. L'essentiel, c'est ce qu'il soit rempli, qu'il continue à l'être et qu'ainsi, il serve à quelque chose.

Le livre des Actes est un livre historique et pratique. On a souvent dit qu'il ne faut pas fonder de doctrine sur des livres historiques de la Bible. C'est probablement vrai. Mais, nous pouvons tirer une grande leçon de l'étude du livre des Actes. C'est qu'il n'existe aucun schéma pour l'action du Saint-Esprit. Cette action est semblable à une crue printanière précoce et inattendue que l'on ne peut décrire ou mesurer d'avance. Mais, n'avons-nous pas besoin de cette crue printanière pour faire fondre la glace de l'hiver spirituel dans nos cœurs et dans nos églises?

4. Une meilleure connaissance de l'histoire

Parfois nous entendons dire que l'histoire prouverait que les dons du Saint Esprit disparurent à la fin de l'âge apostolique. C'est une question que nous allons évoquer dans un autre contexte. Ici, nous ferons seulement quelques brèves remarques. Si l'on admet cette théorie sur la cessation des dons spirituels, il faut expliquer les raisons de leur disparition.

Dans les milieux dits "charismatiques", on pense en général que c'est à cause de l'infidélité du peuple chrétien que les dons ont disparu. Mais, dans ce milieu on se réjouit surtout de profiter de leur retour dans l'église à notre époque. Cela les amène parfois à se considérer eux-mêmes comme faisant partie d'une nouvelle élite dans le peuple de Dieu. Chez les "non-charismatiques" au contraire, ce prétendu retour des dons spirituels paraît suspect. C'est une nouveauté qui ne cadre pas avec ce qui a été normatif au cours de l'histoire de l'Église, disent-ils. Il s'agirait donc d'une déviation erronée des temps modernes dont il faudrait se méfier. Le théologien anglais Donald Gee se fait interprète d'une position moins intransigeante fondée sur une meilleure connaissance de l'histoire. Concernant les preuves historiques de la disparition des dons spirituels, il écrit ceci:

"Ceci est vrai en partie, mais faux dans l'ensemble. En somme, l'histoire prouverait plutôt le contraire. Ce qui est vrai, c'est que les dons furent moins en évidence après l'âge apostolique et même déjà vers la fin de cette époque. Non pas que le Seigneur eût retiré ses dons, mais, comme le dit John Wesley, "parce que l'amour de beaucoup, de presque tous ceux qui portent le nom de chrétiens, s'était refroidi... Telle est la véritable raison pour laquelle les dons

extraordinaires du Saint-Esprit disparurent de l'Église chrétienne." Aux époques de Réveil, à travers toute l'histoire de l'Église, ils réapparurent sous une forme ou sous une autre. Prenons garde: il ne faut pas accuser Dieu de retirer ses dons, si en réalité, c'est l'Église qui les a perdus par sa tiédeur.

Cependant il n'est pas exact de dire que les dons auraient cessé. Irénée, Tertullien, Jean Chrysostome, Augustin, font tous allusion à ces dons comme existant à leur époque. Pendant le Moyen-âge, ils apparurent parmi les Vaudois et les Albigeois persécutés; plus tard, parmi les Jansénistes, les premiers Quakers, les Prophètes Cévenols, les Méthodistes à leurs débuts, et jusque dans l'église des Irvingiens au XIXe siècle. Il y a beaucoup de chrétiens, encore aujourd'hui en vie, qui ont eu le don des langues ou d'autres manifestations du Saint-Esprit, longtemps avant la grande effusion actuelle qui a commencé vers 1900."

Dans un de ses articles, Ruben Saillens s'exclama: *"Gloire au Saint-Esprit! Il n'a jamais abandonné son Église."* Une meilleure connaissance de l'histoire fait donc partie des éléments qui peuvent apporter une solution aux problèmes qui obsèdent actuellement beaucoup de chrétiens au sujet de l'œuvre du Saint Esprit.

Quatrième partie: LES CONSÉQUENCES

1. Le débat remplacé par la prière

Il y a plus de 80 ans, la chrétienté de mon pays natal, la Suède, était déchirée par un débat interminable sur le Saint-Esprit. La question du jour était: "Recevons-nous le Saint-Esprit en deux étapes, un acompte au moment de la conversion et puis davantage lors d'une seconde expérience, appelée baptême ou plénitude de l'Esprit?"

Alors, un jeune évangéliste publia une petite brochure dont le premier chapitre était intitulé: *"Moins de débat sur le Saint-Esprit, davantage de prière pour obtenir la puissance de l'Esprit."* Bien entendu, son conseil n'a pas été suivi par tout le monde, mais beaucoup de chrétiens ont sans doute compris que la prière était plus importante que cette controverse interminable.

Mais, on peut aussi faire une autre constatation. C'est que les débatteurs disent la même chose avec des mots différents. Un petit tour d'horizon le montrera clairement.

Au cours de l'histoire, des hommes et des femmes ont témoigné d'une expérience vécue après leur conversion, transformant puissamment leur vie et leur service pour Dieu. Quelques-uns d'entre eux sont considérés comme les fondateurs et promoteurs de la doctrine dite de "la seconde bénédiction". D'autres chrétiens témoignent d'une autre découverte, celle qui consiste à réaliser que tout nous est donné, dès le début de notre vie chrétienne. Il nous suffit donc de saisir par la foi ce que Dieu nous a déjà offert. Ils considèrent parfois la doctrine de la "seconde expérience" comme une grave erreur.

Nous n'avons aucune raison de mettre en doute les nombreux témoignages de chrétiens ayant fait une expérience marquante postérieure à la conversion. Bien sûr, on peur ironiser et caricaturer leurs témoignages en disant qu'ils sont simplement des fabricants de doctrines faciles, prétendant avoir reçu en un instant puissance et sanctification. Mais, ce n'est pas ce que la plupart de ces témoins ont voulu dire.

Charles Finney est considéré comme un des grands partisans de "la seconde expérience". Mais, pour lui, le baptême de l'Esprit n'était pas une seconde expérience unique et définitive. Selon son propre témoignage, il fit trois fois dans sa vie une expérience de revêtement de puissance. Vers la fin de sa vie, il dit aussi avoir reçu un nouveau baptême de l'Esprit. Déjà, en parlant de sa première expérience, il écrit le mot "baptême" au pluriel.

Le docteur Torrey est connu comme l'un des premiers à utiliser le terme "baptême de l'Esprit", exclusivement pour désigner un revêtement de puissance en vue du témoignage. Il témoigne lui-même d'une expérience, très peu émotionnelle d'ailleurs, mais qui pour lui, n'était pas unique, car il écrit: *"Nous avons besoin d'un nouveau baptême de l'Esprit chaque fois qu'un urgent besoin se présente dans notre service chrétien."*

Bramwell également écrit: *"Il y a trois semaines, j'ai reçu un baptême de l'Esprit plus abondant que ceux que j'avais reçu jusque là."* L'année suivante, il écrira encore: *"Je me suis livré à Dieu pour recevoir un baptême de son Esprit plus puissant que jamais."*

Quelques disciples et successeurs de ces hommes ont sans doute davantage "dogmatisé" leur message. Mais, à l'origine, il s'agit, à mon avis, plutôt de témoignages personnels que d'un système de théologie. Tout chrétien doit s'attendre à faire de telles expériences renouvelées avec le Seigneur, sans les ériger en dogmes ou en faire des règles normatives pour tous les autres.

Alfred Kuen est l'auteur de plusieurs livres édifiants, entre autres sur le Saint-Esprit. Il fait partie des théologiens qui pensent que le baptême de l'Esprit nous est donné au moment de notre conversion. Avec beaucoup d'autres, il pense aussi que la puissance pour le témoignage est à nous dès notre nouvelle naissance. Cependant il écrit aussi: *"Combien de chrétiens authentiquement nés de nouveau ne donnent guère par leur vie et leur ministère, la démonstration de la puissance du Saint-Esprit. Ils ont saisi, par la foi, le salut et le pardon des péchés, mais ils en sont restés là. Or, les promesses de la Parole ont une portée infiniment plus grande. Elles veulent entraîner le nouveau-né dans une découverte progressive des charismes équipant pour un service efficace!"*

Pour le commun mortel, il n'est pas évident qu'un tel exposé soit fondamentalement différent de l'enseignement des partisans modérés de la "seconde bénédiction." Alfred Kuen a raison de nous montrer que la puissance réside dans le Saint-Esprit lui-même. Du moment que nous sommes nés de l'Esprit, nous avons la possibilité d'accomplir un service efficace. Mais, il a raison aussi de nous montrer que le chrétien peut négliger de recevoir ce que Dieu a offert.

Alors une ou deux expériences?

À la lumière de la Bible et avec un peu de bon sens, nous comprenons bien que la question est mal posée. En réalité, il s'agit d'un faux problème. Aucun chrétien sensé ne prétend qu'une fois né de nouveau, il n'y aurait plus rien à demander ou à recevoir. Ce serait d'ailleurs oublier une quantité d'exhortations bibliques. *"Recherchez la sanctification."* (Hébreux 12:14) *"Aspirez aux dons spirituels."* (1 Corinthiens 14:1) *"Fortifiez-vous dans le Seigneur."* (Éphésiens 6:10) *"Soyez remplis de l'Esprit."* (Éphésiens 5:18) etc…

Nous devons être reconnaissants pour les expériences marquantes et bénies dont témoignent beaucoup de chrétiens et même le livre des Actes comme nous venons de le voir dans le chapitre précédant. Mais, nous savons tous aussi qu'aucune expérience ne nous assure une fois pour toutes la ferveur et l'amour dont nous avons besoin pour servir Dieu. Nous continuons à être dépendants du Saint-Esprit et de ses nouvelles grâces. Et, quand nous découvrons que la Bible n'est pas si stricte que cela dans l'emploi des mots et des termes nous perdons toute envie de continuer cette controverse de vocabulaire. Et, pourquoi perdre notre temps à discuter sur un schéma d'expériences qui ne se trouve nulle part dans l'Écriture?

Des millions d'êtres humains vivent encore sans connaissance de l'Évangile. Beaucoup d'églises mènent un combat dur et difficile. Le temps est probablement court. Ce ne sera pas par de grands débats sur le Saint-Esprit que le peuple de Dieu remportera de nouvelles victoires. Mais, aujourd'hui comme jadis, c'est par la prière que la puissance de l'Esprit se manifestera. Notre devise sera donc: Moins de débat, davantage de prière!

2. *Les étiqueteurs au chômage*

Autour de la petite maison où nous passons en général quelques semaines chaque été, on peut cueillir des groseilles, des framboises, des cassis, des cerises, des groseilles à maquereaux, etc… J'aime bien partir à la cueillette et mon épouse aime bien faire de la confiture pour l'hiver. Après avoir rempli ses bocaux, elle colle soigneusement des étiquettes sur chacun d'eux. Elle ne se trompe jamais. L'étiquette correspond toujours au contenu du pot.

Il est sans doute plus facile de coller des étiquettes sur des bocaux de confiture que l'on garde dans une cave que d'en coller sur des êtres humains, exposés à toutes sortes d'influences. Pourtant, dans les églises, on colle aussi des étiquettes. Ceux, qui ont une conception très "dogmatique" de l'œuvre du Saint-Esprit, deviennent en général les étiqueteurs les plus acharnés. Je prends un exemple:

Dans ma bibliothèque, j'ai un livre sur le Saint-Esprit, dont l'auteur classe soigneusement les chrétiens en catégories distinctes. Il pense que certains croyants sont "seulement" nés de nouveau, nés de l'Esprit. Rien de plus. Voilà pour la première étiquette.

Ensuite, il estime qu'il y a une autre catégorie de chrétiens qui, en plus de leur nouvelle naissance, ont été baptisés du Saint-Esprit, c'est à dire qu'ils ont reçu des dons spirituels pour mieux servir Dieu. Mais hélas, l'auteur est obligé de constater que tous les baptisés du Saint-Esprit ne sont pas remplis de l'Esprit, car on trouve parfois chez eux de l'orgueil et un manque d'amour évident. Nés de l'Esprit et baptisés de l'Esprit, mais pas remplis de l'Esprit. Il faut donc une autre étiquette pour désigner cette catégorie.

L'auteur pense aussi avoir connus des chrétiens qui manifestement sont remplis de l'Esprit, puisqu'ils portent le fruit de l'Esprit et mènent une vie sanctifiée. Malheureusement, ils n'ont pas tous connu le baptême de l'Esprit, car ils ne sont pas porteurs de dons spirituels. Nés de l'Esprit et remplis de l'Esprit, sans être baptisés de l'Esprit. Encore une troisième étiquette à coller.

Heureusement, l'auteur a tout de même découvert qu'il existe une quatrième catégorie de chrétiens, une sorte de classe supérieure. Ce sont ceux qui sont nés de nouveau et également baptisés et remplis de l'Esprit. Ils possèdent des dons spirituels et ils mènent une vie à la gloire de Dieu.

Cet exposé révèle combien ce collage d'étiquettes religieuses est difficile et dangereux. Car, si mon épouse ne se trompe jamais en collant des étiquettes sur ses bocaux de confiture, le risque de commettre une erreur est infiniment plus grand pour l'étiqueteur religieux. Tout cela me rappelle un chant que le groupe de jeunes de mon église chantait souvent: *Enlève ta pancarte, jette ton étiquette. Elles ne te servent à rien.*

Mais, la Bible elle-même, ne fait-elle pas une distinction entre les chrétiens? L'apôtre Paul, par exemple, ne parle-t-il pas lui aussi de chrétiens spirituels et de chrétiens charnels?

Bien entendu, chacun sait que la vie spirituelle des croyants connaît des degrés divers. Certains ont une vie plutôt faible. D'autres ont la vie en abondance. Les uns sont encore des "bébés" en Christ. Les autres sont arrivés à une plus grande maturité. Il y a des chrétiens qui aspirent aux dons spirituels. Il y en a d'autres qui sont satisfaits d'eux-mêmes et qui n'ont pas soif de davantage. Il y a des chrétiens tièdes et des chrétiens bouillants. Les auteurs des notes de la Bible Scofield, que nous ne pouvons pas soupçonner d'être de tendance charismatique, le disent bien en ces termes: *"Le Nouveau Testament établit une distinction entre deux expériences du croyant. Recevoir l'Esprit, ce qui est vrai pour tout enfant de Dieu. Être rempli de l'Esprit, qui est à la fois le privilège et le devoir de tout chrétien."*

Celui qui n'est pas aveugle distingue au moins les différences les plus évidentes dans ce domaine. C'est pour cela que Luc mentionne Joseph comme *"un homme plein d'Esprit Saint et de foi."* (Actes 22: 24) C'est aussi pour cette raison que ce même Joseph fut surnommé Barnabas, ce qui se traduit "Celui qui encourage." Il était rempli d'amour fraternel et il encourageait ses frères. Cela était connu de tout le monde.

Que Diotrèphe, qui aimait toujours être le premier, et Alexandre, qui s'opposait aux paroles des apôtres, ne soient pas, eux, considérés comme de bons chrétiens remplis d'Esprit Saint, cela est tout à fait évident. (2 Timothée 4:14, 3 Jean 3-10). Ce sont là des constatations que tout le monde peut faire. Mais, cela ne nous autorise pas à coller des étiquettes définitives sur tous les membres d'une église.

Être "spirituel" ne veut pas dire être "parfait" dans le langage biblique. L'expression "chrétien charnel" ne désigne pas non plus quelqu'un qui serait TOUJOURS et dans TOUT son comportement à cent pour cent charnel. Tout est beaucoup plus relatif que cela. Nous sommes tous en chemin. Être spirituel ou charnel sont en réalité deux possibilités qui se trouvent toujours devant tous les chrétiens, quel que soit leur niveau spirituel, et quelles que soient leurs expériences du passé.

Certains étiqueteurs font un véritable travail de dénombrement. C'est le cas de celui qui dit: "Dans mon église, il y a 38 membres, dont 23 sont baptisés du Saint-Esprit." Selon l'étiqueteur, cela veut dire que 23 membres ont fait une expérience ponctuelle et spécifique en général suivi d'un signe particulier. Cela s'est passé il y a 2 ans, 10 ans ou 20 ans. Peu importe, cette expérience a placé ces chrétiens dans une catégorie particulière par rapport aux autres membres de l'église et cela pour toujours. Une certaine union d'églises en publiant ses statistiques faisait mention de trois catégories de membres: les sauvés, les sanctifiés et les baptisés du Saint-Esprit.

Disons tout de suite que nous ne trouvons aucune trace d'une telle classification dans le Nouveau Testament. "Baptisé du Saint-Esprit" est bien une expression néotestamentaire, mais, elle n'est jamais utilisée comme une épithète, c'est à dire, une qualification donnée à quelqu'un pour le distinguer des autres. En écrivant ses lettres aux diverses églises, l'apôtre Paul n'adresse jamais quelques mots en particulier à "ceux parmi vous qui sont baptisés du Saint-Esprit." Pour celui qui découvre la conception plus large et plus généreuse qui découle de toute la Parole de Dieu, ces distinctions entre différentes classes de chrétiens deviennent macabres.

Il ne s'agit pas de nier les expériences ponctuelles. Mais, il faut se garder de classer et étiqueter les chrétiens d'après elles. Un serviteur de Dieu, qui avait de longues années d'expériences de la cure d'âme, dit un jour: *"Parmi les chrétiens qui dans le passé ont connu une plénitude spirituelle, quelques-uns vivent aujourd'hui moins sous le contrôle du Saint-Esprit que beaucoup de ceux qui n'ont jamais fait une telle expérience."* En d'autres termes, l'étiquette a jauni et le contenu du bocal a changé! En général, les étiqueteurs n'en tiennent pas compte.

Mais, ceci n'est pas tout. La Parole de Dieu nous exhorte bien à ne pas nous arrêter à la conversion et à la nouvelle naissance. Toute naissance doit être suivie de croissance. Mais, la Bible ne présente jamais cette nouvelle naissance comme une petite expérience par rapport aux grandes étapes exaltantes que nous sommes appelés à connaître plus tard. Imaginez quelqu'un qui dirait: "Je ne considère pas la naissance comme une grande expérience dans ma vie. Ce qui est vraiment important pour moi, c'est le jour où j'ai passé mon examen supérieur ou quand je me suis marié avec la femme de ma vie." Sans commentaires!

Sur le plan spirituel comme sur le plan physique, la naissance est de toute évidence le point de départ et la condition de tout le reste. Naître de nouveau n'est donc pas une petite expérience. C'est elle d'ailleurs qui détermine où nous passerons l'éternité. Rien ne peut être plus important.

Notre génération a vu apparaître une nouvelle équipe d'étiqueteurs qui s'ajoutent à ceux que nous connaissions déjà. Ce sont ceux qui divisent les chrétiens en deux catégories, "charismatiques" et "non-charismatiques." L'adjectif "charismatique" vient du mot "charisme" qui signifie "don de grâce" ou "don gratuit." Parfois, on dit "don spirituel". Mais, il est à remarquer que la Bible est bien plus large et généreuse dans l'emploi de ce mot que les étiqueteurs modernes. Dans Romains 6:23, nous lisons par exemple: *"Le salaire du péché c'est la mort, mais le don gratuit (charisme) de Dieu, c'est la vie éternelle en Jésus Christ."*

Tous ceux qui par la foi en Jésus Christ ont reçu le pardon et vie éternelle ont donc connu le premier et le plus grand DON DE GRÂCE. En acceptant le salut gratuit en Christ, vous êtes donc devenu "charismatique"! Ensuite, il est vrai que la Bible mentionne d'autres "charismes" donnés à l'église, pour qu'elle accomplisse sa mission. Mais, le mot qui les désigne est le même que celui qui concerne le salut. La source de tous les dons de grâce est aussi la même, la miséricorde et la générosité de Dieu. Utiliser le mot "charismatique" pour séparer les chrétiens en deux catégories, paraît vraiment abusif à celui qui ouvre son cœur au message généreux de la Bible.

Le contraste entre les étiquettes religieuses de nos jours et les noms utilisés dans le Nouveau Testament pour désigner le peuple de Dieu est également frappant. En effet, la Parole de Dieu parle de "frères, chrétiens, croyants, saints, disciples, fidèles, enfants de Dieu etc..." Tous ces noms indiquent un peuple qui a fait un choix et qui est en marche. Aucun de ces noms n'est jamais utilisé pour distinguer une catégorie de chrétiens des autres. Il s'agit plutôt de noms qui donnent un sentiment de communion et d'unité.

En parlant de croyants, nous savons bien que quelques-uns ont une foi plus profonde que d'autres. Parmi les frères, certains manifestent davantage d'amour fraternel que d'autres. Les "saints" connaissent divers degrés de sanctification. Mais, ils sont tous croyants, frères et saints!

Ils font tous partie de la famille de Dieu. Et, dans une famille normale, on n'est pas toujours en train de faire remarquer les différences de niveau entre les enfants.

A mon avis, il y deux écueils que les étiqueteurs n'ont jamais su éviter. D'abord, que des chrétiens placés dans une catégorie supérieure par leurs soins ne soient contaminés par l'orgueil et la présomption. Il y a même un risque que certains d'entre eux ne s'arrêtent dans la croissance spirituelle se considérant comme étant "arrivés." Deuxième écueil inévitable, c'est que beaucoup d'enfants de Dieu sont considérés et se considèrent eux-mêmes comme des "retardataires", restés en panne sur la route. Parfois, j'ai constaté que beaucoup de souffrances, de frustrations, de déceptions et de complexes d'infériorité se cachent dans les cœurs, suite au travail de ces divers étiqueteurs.

Je suis convaincu que la conséquence logique de l'acceptation d'une conception plus large et plus généreuse, donc plus biblique, de l'œuvre de l'Esprit, sera la mise au chômage de tous les étiqueteurs. Nous serons reconnaissants pour toutes les grâces et tous les dons répandus sur les divers membres de l'église. Mais, quel besoin aurions-nous de vouloir diviser les chrétiens en catégories différentes selon les grâces reçues? A mon avis, on peut faire des choses bien plus utiles pour la bonne marche de l'église de Jésus-Christ.

3. Ouverture d'esprit chez les réticents

Beaucoup de chrétiens subissent encore plus ou moins l'influence d'une théorie selon laquelle certains dons spirituels auraient cessé par la volonté de Dieu. Comme le remarque Alfred Kuen dans son livre sur "Le renouveau charismatique", cette théorie date du 4ième siècle, mais a souvent été reprise. Elle consiste à dire que les dons dits "miraculeux" ou "extraordinaires" ont disparu depuis que le canon des Écritures est complet.

A ceci, il faut encore ajouter qu'il y a parfois eu des abus chez ceux qui se réclament particulièrement des dons dits "miraculeux". Tout cela a inévitablement créé dans certaines églises une méfiance et une réticence, voire même un refus vis à vis des manifestations dites "charismatiques".

Je comprends fort bien mes frères réticents. Mais, je crois que la redécouverte de la diversité de l'action de l'Esprit peut résoudre ce problème. Il est vrai que la théorie de la disparition des dons miraculeux compte parmi ses adeptes des hommes de Dieu remarquables, tels que Jonathan Edwards, Jean Calvin, Georges Whitefield et Charles Spurgeon. Ces hommes ont pourtant vu l'Esprit de Dieu puissamment à l'œuvre et ils étaient sans aucun doute eux-mêmes revêtus de la puissance d'en haut.

Mais, n'ayant pas vu eux-mêmes certaines manifestations décrites dans le livre des Actes, ils ont pensé que Dieu les avait retirés. Ne les jugeons pas trop hâtivement et ne les considérons pas comme étant infaillibles non plus! Mais, il est certain que l'Esprit de Dieu n'agit pas partout et toujours exactement de la même façon. Nous l'avons vu dans les différents cas relatés dans les Actes et il en est de même au cours de toute l'histoire de l'église.

L'histoire des réveils religieux est d'ailleurs assez complexe. Nous en connaissons toute une gamme depuis des mouvements religieux assez superficiels laissant peu de traces durables jusqu'aux réveils de conscience profonds produisant des vies transformées en grand nombre.

Dans tous les renouveaux spirituels, le facteur humain joue son rôle. La nature du réveil dépend de la nature de l'enseignement qui est donné. Mais, rien n'est absolument parfait.

Soyons reconnaissants pour la redécouverte de valeurs oubliées au sein du renouveau actuel. Laissons les préjugés du passé. De toute manière, nous ne pouvons pas toujours expliquer les raisons pour lesquelles l'Esprit de Dieu semble avoir agi différemment dans certaines périodes par rapport à d'autres. Est-ce uniquement parce que Dieu l'a voulu ainsi? Ou bien, est-ce le facteur humain qui a limité l'Esprit du Seigneur? Ces deux raisons contiennent sans doute une part de vérité chacune et nous n'avons rien à gagner à discuter là-dessus.

Aujourd'hui, c'est surtout l'existence du don des langues qui est controversée. Beaucoup de littérature se focalise sur ce don et quelques-uns essayent de prouver qu'il a disparu. Selon le Nouveau Testament, le don des langues se manifestait dans l'église primitive comme la faculté de s'exprimer, par la puissance du Saint-Esprit, en d'autres langues, connues ou inconnues, pour louer Dieu. Certaines personnes avaient le don d'interpréter ces langues. En parlant du don des langues aujourd'hui, un auteur chrétien conclut: *"Ce que j'affirme, Bible en main, c'est qu'il est à cent pourcent faux."*

Il est évident que dans une église où un tel enseignement est donné, on ne saurait tolérer un frère ou une sœur ayant le don de parler en langues. Ce refus absolu et total d'un don spirituel est basé sur un certain nombre d'arguments que nous ne pouvons pas développer en détail.

Mais, souvent on cite le texte biblique qui dit que *"les langues cesseront."* On semble oublier que le même texte annonce aussi que *"les prophéties ainsi que la connaissance seront abolies."* (1 Corinthiens 13:8-10) Mais, cela arrivera seulement lorsque ce qui est parfait sera venu. Le contexte indique clairement que c'est dans le royaume éternel où nous verrons le Seigneur face à face que nous connaîtrons ce qui est parfait. Alors, les dons spirituels ne seront plus nécessaires. C'est maintenant, pendant notre pèlerinage, que nous en avons besoin.

La focalisation sur le don des langues crée un déséquilibre. Tout le problème a besoin d'être dédramatisé. Nous y reviendrons un peu dans le chapitre suivant. Disons simplement que la Parole de Dieu ne monte ce don en épingle, ni d'une manière ni d'une autre. Il est un des dons de l'Esprit, ni plus ni moins. Et, tout don qui vient de Dieu est utile. Corrie ten Boom disait: *"Dieu ne nous offre pas ses dons pour que nous ayons des querelles à leur sujet, pour que nous en jouissions."* Une telle ouverture d'esprit est la conséquence normale d'une lecture biblique sans préjugés. Et, là où le Seigneur trouve des cœurs ouverts, il manifeste parfois sa présence d'une manière surprenante. En voici un exemple:

Dans ma ville natale en Suède, le pasteur Ahlback exerça pendant 17 ans un ministère fécond. Un jour, il raconta une expérience qu'il avait faite pendant la seconde guerre mondiale. Un jeune congolais, fils d'un chef de village, était venu en Suède pour témoigner de sa foi dans les églises. Il s'appelait Daniel Bokhange et était un chrétien fervent. Pendant son séjour en Suède, la guerre éclata. Les frontières furent immédiatement fermées et le jeune africain fut contraint de prolonger son séjour en Suède plus longtemps que prévu.

L'hiver arriva et le paysage fut couvert de neige. Un soir, en compagnie du pasteur Ahlback, le jeune Daniel se rendit à une petite église baptiste dans la province de Dalécarlie. A la fin de la réunion, un vieux cultivateur se leva et donna un court message dans une langue incompréhensible. Ce parler en langues fut probablement suivi d'une interprétation en suédois que le jeune congolais ne pouvait pas comprendre, car il n'avait pas encore eu le temps d'apprendre la langue du pays. Mais, il n'avait pas besoin de cette interprétation. Les paroles prononcées par le vieux cultivateur étaient dites dans la langue congolaise, sans aucune faute et même avec l'accent local du village où habitait la famille Bookhange.

Le jeune africain était persuadé que le vieux cultivateur avait passé de longues années en Afrique, puisqu'il parlait la langue congolaise si parfaitement. Quelle ne fut pas sa surprise d'apprendre que le vieux monsieur était à peine sorti de son village pendant sa longue vie laborieuse. Et bien sûr, sa faculté de parler la langue congolaise n'a duré que quelques minutes. Quand le moment de l'inspiration divine fut passé, il ne savait pas plus les langues africaines que les autres villageois présents à la réunion.

Mais, quel était donc le contenu de se parler en langues? C'était une louange à Dieu, qui par Jésus-Christ, a racheté des hommes de toute race, de toute langue et de tout peuple. C'était une action de grâce au Sauveur qui un jour réunira devant son trône des blancs, des noirs, des jaunes et des rouges, tous dans la même félicité.

Quel profond encouragement pour ce jeune congolais qui se trouvait loin de sa famille et de son peuple dans un pays couvert de neige et de glace et si différent du sien. Les théologiens auraient appelé cela un phénomène de "xénolalie" et pas seulement de "glossolalie", c'est à dire une langue connue prononcée sous une inspiration surnaturelle. Souvent, les langues sont manifestement des langues inconnues que personne ne peut comprendre sans l'interprétation.

Après la lecture d'un livre chrétien mentionnant une douzaine de parler en langue démoniaques, mais pas un seul venant du Saint-Esprit, j'aurais bien voulu y ajouter le témoignage du pasteur Ahlback. Cela aurait fait au moins un cas de parler en langue véridique. Cependant, il y a des chrétiens aujourd'hui qui croient davantage à la puissance des démons qu'à celle du Saint-Esprit, car ils admettent bien que les démons puissent inspirer quelqu'un à parler en langue, mais pas le Saint-Esprit.

Je ne doute pas des bonnes intentions de ceux qui mettent ainsi l'accent sur les contrefaçons de l'ennemi. Ils veulent nous mettre en garde contre les ruses de Satan. Et, il est vrai que le diable est "le singe de Dieu" et qu'il cherche à imiter l'œuvre du Saint-Esprit. Mais, cela ne se limite pas au don des langues. La divination est bien une contrefaçon de la prophétie. La guérison magique et occulte est aussi une imitation à la guérison divine. L'habilité de certains propagandistes de sectes à gagner des adeptes est une caricature de la parole de sagesse et de connaissance données par le Saint-Esprit et ainsi de suite.

Mais, ne dramatisons pas outre mesure les dangers de cette ruse de l'adversaire. L'apôtre Paul n'ignorait pas les desseins de l'ennemi. Mais, quand il parle des dons spirituels, il ne semble pas traumatisé par cette peur de voir le diable se faufiler partout.

Les contrefaçons constituent aussi une preuve que la façon existe. On ne peut pas contrefaire ce qui n'existe pas.

L'existence d'un faux suppose toujours l'existence d'un vrai. Il en est de même dans tous les domaines.

Celui qui comprend la véritable dimension du message biblique ne se livrera pas continuellement à la chasse aux contrefaçons et contrefacteurs. Certes, tout ce qui brille n'est pas or et tout ce qui est surnaturel et extraordinaire ne vient pas automatiquement de Dieu. Les chrétiens ont plus que jamais besoin de discernement. Ceux qui restent sceptiques et réticents devant certains dons spirituels nous exhortent à la prudence. Mais, la peur des contrefaçons démoniaques et des abus humains est exagérée, si elle ferme nos cœurs aux dons et aux bénédictions que Dieu veut nous donner.

Si nous demandons des dons à Dieu dans le but de mieux le servir, ce n'est tout de même pas le diable qui va nous répondre. Le chrétien sincère est protégé quand il s'approche de Dieu. Il n'y a aucun danger à aspirer aux dons spirituels et à s'ouvrir à l'amour divin que l'Esprit veut verser dans nos cœurs. Jésus dit: *"Quel père parmi vous, si son fils lui demande du pain, lui donnera-t-il une pierre? Ou s'il lui demande du poisson lui donnera t-il un scorpion? Si donc, vous qui êtes mauvais, vous savez donner de bonnes choses à vos enfants, à combien plus forte raison le Père céleste donnera t-il l'Esprit Saint à ceux qui le lui demandent."* (Luc 11:11-13)

Ces paroles font suite à une parabole où Jésus parle d'un homme qui reçoit une visite inattendue au milieu de la nuit et qui n'a rien à offrir à ces amis arrivés à l'improviste.

Alors, il va frapper chez son voisin pour lui demander du pain. D'abord, le voisin n'a pas très envie de se lever pour répondre à cette demande, mais devant l'insistance de cet homme, il finit par céder et lui donne ce qu'il demande.

Cette parabole a pour but d'illustrer ce qu'est la prière persévérante et sérieuse. En effet, c'est celui qui se voit pauvre et démuni devant les besoins présents qui s'adressera à Dieu avec insistance et désintéressement, afin de recevoir le secours d'en haut et ensuite porter secours aux nécessiteux à son tour. L'homme de la parabole n'a pas demandé du pain pour satisfaire à ses propres besoins, mais pour nourrir ses amis. De même, le Saint-Esprit avec ses dons, nous apporte quelque-chose que nous pouvons à notre tour communiquer aux autres.

Pourquoi aurions-nous peur d'ouvrir nos cœurs aux dons de Dieu?

L'apôtre Jaques dit: *"Ne vous y trompez pas, mes frères bien-aimés, tout don excellent et tout cadeau parfait viennent d'en haut, du Père des lumières, chez lequel il n'y a ni changement, ni ombre de variation."* (Jacques 1:16-17) Devant la générosité de Dieu et devant les besoins qui nous entourent, personne ne doit s'enfermer dans une attitude de méfiance et de réticence due à la polémique religieuse. Dieu a des choses meilleures en réserve pour chacun de nous.

4. Pondération chez les assoiffés du spectaculaire

Mettez un tigre dans votre moteur!

Vous vous souvenez probablement de ce slogan de publicité en faveur d'un carburant particulièrement puissant. Nous permettre d'augmenter notre vitesse, c'est nous faire gagner du temps. Mais, c'est sans doute aussi nous faire courir un plus grand risque d'avoir un accident mortel. Pour cette raison, il y a des panneaux de limitation de vitesse un peu partout. Mais, comme beaucoup d'usagers ne les respectent pas, on a installé dans certaines zones des "ralentisseurs", qui obligent même les chauffards à freiner un peu.

Nous avons déjà constaté que la vie d'une église peut être caractérisée par un excès de prudence et de réticence. Un peu plus d'enthousiasme et de chaleur seraient souhaitables. En d'autres termes, un tigre dans le moteur ferait du bien.

Mais, une église peut aussi être saisie d'un emballement excessif, alors on fonce à toute vitesse. Dans ce cas, la Parole de Dieu, si elle est prise au sérieux mettra plutôt quelques "ralentisseurs" sur la route. Pondération veut dire équilibre, mesure et modération.

On peut d'ailleurs se demander pourquoi dans le domaine religieux, il est si facile de se laisser attirer vers ce qui est excessif et si difficile de trouver le juste milieu. Le pasteur Kenneth Kinghorn décrit les deux extrêmes par les deux expressions savoureuses de "charisphobie", c'est à dire la peur des dons spirituels et de "charismanie", qui exprime l'idée fixe, sans cesse centrée sur les dons. Le mot "charismanie" est sans doute un barbarisme, mais il exprime bien cet emballement exagéré pour tout ce qui est spectaculaire.

Il est vrai que l'Esprit du Seigneur agit parfois d'une manière à frapper les regards, donc d'une façon spectaculaire. Il est bien normal par exemple, que nous soyons émerveillés devant un miracle de guérison. Je pourrais citer des cas où incontestablement, Dieu est intervenu pour guérir même des personnes condamnées par la médecine et déclarées incurables. Parfois, j'ai aussi personnellement vécu des réponses à la prière dans ce domaine. Nous croyons que Jésus-Christ peut accomplir les mêmes miracles aujourd'hui qu'autrefois. Mais, dans notre enseignement, nous ne devons pas aller au-delà de ce qui est écrit dans la Bible. Il faut de l'équilibre et de la mesure.

Du haut de l'estrade, dans une grande réunion, un jeune évangéliste dynamique s'écria: "Il n'y a rien de plus facile à obtenir de la part de Dieu que la guérison. Vous vous approchez de lui. Vous priez avec foi et la guérison est à vous. C'est tout simple."

Je ne doute pas un seul instant de la sincérité du jeune orateur. Il avait sans doute aussi vu des guérisons dans son ministère, pour lequel il avait probablement reçu un don particulier. Mais, emporté par son enthousiasme, basé sur un certain succès, il a parlé, comme si le problème de la souffrance n'existait pas.

Parmi ceux qui s'étaient approchés pour que l'évangéliste prie pour eux, il y avait une dame infirme. Des amis l'avait aidée à sortir du taxi, l'avait ensuite placée dans une chaise roulante, et c'est dans celle-ci qu'elle était arrivée tout près de l'estrade. Une fois la réunion terminée, les mêmes amis conduisirent la dame infirme vers son taxi, ainsi elle est rentrée chez elle comme elle était venue. Le problème de la maladie et de la guérison était-il aussi simple pour elle que pour le jeune évangéliste dynamique, lui-même étant en bonne santé? Sûrement que non. On ne peut pas éliminer le problème de la souffrance en trente secondes.

Dans nos églises, nous devrions plus souvent mettre en pratique la recommandation dans Jacques 5:14. *"Quelqu'un parmi vous est-il malade? Qu'il appelle les anciens de l'église et que ceux-ci prient pour lui, en l'oignant d'huile au nom du Seigneur."* Mais, lorsque nous prions pour les malades et parlons de la guérison, il faut le faire avec amour et compassion. Il faut le faire aussi avec humilité, car nous ne savons pas tout et nous ne sommes pas maîtres de la vie et de la mort. Le prophète Élisée a accompli lui-même bien des miracles, mais la Bible dit qu'un jour: *"Élisée fut atteint de la maladie dont il mourut."* (2 Rois 13:14) Rien ne nous autorise à dire que ce prophète avait péché ou qu'il manquait de foi pour être guéri. Il est mort tout simplement parce qu'il était mortel lui aussi et que l'heure de son départ était arrivé.

L'apôtre Paul a également vu une quantité de miracles extraordinaires au cours de son ministère, mais dans la seconde lettre qu'il adresse à Timothée, il écrit: *"J'ai laissé*

Trophime malade à Milet." (2 Timothée 4:20). Même un apôtre doté de beaucoup de dons spirituels ne pouvait pas toujours ordonner à tous les malades de se lever de leur lit. Lorsque la guérison n'a pas lieu malgré nos prières, nous nous culpabilisons facilement et nous pensons que notre foi n'est pas assez forte. Mais, selon l'enseignement biblique, Dieu ne guérit pas systématiquement tous les malades. Nous sommes mortels et c'est seulement au jour de la résurrection que nous aurons un corps immortel qui ne connaîtra plus jamais aucune souffrance. Dieu est fidèle dans les bons et dans les mauvais jours et il nous a préparé une patrie céleste.

Le message biblique nous impose aussi une certaine pondération dans d'autres domaines aujourd'hui. Pendant les dernières décennies, une quantité énorme de livres sur les dons spirituels et sur des expériences "charismatiques" ont vu le jour. Quelques-uns de ces livres contiennent des idées franchement nouvelles. La focalisation sur le don des langues est évidente. On peu sans doute sous-estimer ce don, mais on peut sûrement aussi le surestimer.

Les auteurs de certains de ses ouvrages enseignent même une technique pour apprendre à parler en langues. Parfois, ils recommandent au lecteur de commencer à parler "par la foi". Parfois, ils disent qu'il faut émettre des sons ou prononcer une voyelle. Le Saint Esprit prendra alors ces sons et voyelles, y ajoutera des consonnes pour en faire des mots, et alors vous parlerez en langues. D'autres encore recommandent de répéter très rapidement des phrases avec des mots difficiles à prononcer et cela se transformera en langues surnaturelles.

Hélas, tout cela est bien loin d'être surnaturel! Ceux qui se laissent influencer par ce genre d'enseignement risquent fort d'être induits en erreur concernant la vraie nature de leurs expériences. Je suis attristé à la pensée que des chrétiens assoiffés et sincères deviennent de cette façon victimes d'une manipulation mentale et psychique.

De telles déviations malsaines sont plus préjudiciables aux vraies expériences spirituelles que toute autre chose. Ceux qui lisent sérieusement leur Bible et qui utilisent encore leur matière grise, sont naturellement choqués par de telles aberrations.

La Bible est à la fois sobre et simple quant à sa définition du don des langues. *"En effet, celui qui parle en langue ne parle pas aux hommes, mais à Dieu, car personne ne le comprend et c'est en esprit qu'il dit des mystères. Celui qui parle en langue s'édifie lui-même. Si je prie en langue, mon esprit est en prière, mais mon intelligence demeure stérile. Je prierai par l'esprit, mais je prierai aussi avec l'intelligence."* (1 Corinthiens 14:2-4, 14-15. *"Ils se mirent à parler en d'autres langues selon que l'Esprit leur donnait de s'exprimer."* (Actes 2:4)

Qu'est-ce qui suscite le vrai parler en langue? Bien entendu, c'est l'inspiration de l'Esprit. Si cette inspiration ne vient pas, aucune "technique" ne pourra jamais, ni la provoquer, ni la remplacer. De tels procédés ne produiront jamais qu'une misérable caricature de la réalité. Il est vrai que les dons spirituels, y compris celui des langues, nous sont souvent donnés à l'état embryonnaire. Il faut donc les développer et les ranimer. Mais, pour cela nous ne devons pas avoir recours à des moyens artificiels. C'est surtout notre communion avec le Seigneur que nous devons développer comme la Bible nous le recommande: *"Fais de l'Éternel tes délices et il te donnera ce que ton cœur désire. Confie-toi en lui et c'est lui qui agira. Garde le silence devant l'Éternel et attends-toi à lui."* (Psaume 37: 4, 5, 7)

Il est vrai que celui qui parle en langue s'édifie lui-même et que ce don est une aide dans la prière. Mais, ceci ne nous autorise pas à dire que le seul moyen de s'édifier serait de prier en langue et que seul ceux qui possèdent ce don pourraient avoir une vie de prière riche et profonde.

En disant cela, je pense à un frère en la foi que j'ai rencontré il y a plus de soixante ans. J'étais un jeune suffragant lorsque pour la première fois, j'ai franchi le seuil de sa maison qui se trouvait dans une grande clairière au milieu de la forêt. Ce frère avait l'âge de mon père, mais sans être de la même génération, nous avons eu une profonde communion spirituelle pendant de longues années.

Il était un membre fidèle d'une petite église de sa localité. Il faisait partie de ceux que l'on entendait rarement dans les cultes et réunions publiques. Quand on lui demandait de conduire l'assemblée dans la prière, il le faisait quand même, mais avec peu de paroles. Quelques fois, je l'ai entendu introduire un culte par une courte lecture biblique, mais, il ne faisait pas de commentaires sur le texte. Il se contentait de prier brièvement, mais, avec ferveur. Autrement, il ne prenait jamais la parole en public.

Il ne parlait pas en langue. Pourtant, il était un grand combattant dans la prière. Dieu lui avait donné une sensibilité tout à fait particulière. Parfois, il pouvait ressentir un fardeau très lourd pour telle ou telle personne ou situation. Alors, il se consacrait à la prière jusqu'à ce qu'il reçoive la certitude que Dieu était intervenu.

Un jour, ce frère se trouvait au milieu de la forêt pour couper du bois. Alors, il reçut un ordre, une conviction intérieure, qu'il fallait prier pour une femme malade et hospitalisée. Après avoir déposé ses outils, il s'agenouilla près d'un tronc d'arbre et pria avec ferveur jusqu'à ce que le fardeau lui soit enlevé. Au même moment, à l'hôpital, cette femme sortit d'un coma profond et sourit aux membres de sa famille, réunis autour d'elle. Ce même jour, elle fut déclarée guérie.

Dans notre travail qui s'effectuait à 2000 km de l'endroit où habitait ce frère, nous avions parfois des combats spirituels très difficiles. Quelqu'un cherchait la délivrance de liens occultes. Quelqu'un d'autre voulait donner sa vie à Christ, mais n'arrivait pas à surmonter les obstacles qui se trouvaient sur sa route. Alors, sans que nous ayons écrit ou téléphoné, ce frère ressentait quand il fallait redoubler d'effort dans la prière. Parfois, il combattait tout seul chez lui avec son épouse. Parfois, il allait trouver ses amis à l'église pour leur demander de partager son fardeau.

Quelques mois plus tard, lorsque nous avions l'occasion de lui rendre visite, il se rappelait les dates précises où son combat de prière avait été particulièrement intense. Nous savions immédiatement pourquoi. En effet, des victoires étaient remportées à la gloire de Dieu, grâce à l'intercession fidèle de ce combattant de prière.

J'ai ma petite idée personnelle concernant le don que le Seigneur avait confié à cet homme. Parmi les charismes mentionnés dans 1 Corinthiens 12, se trouve "le don de secourir". Je suppose qu'il peut exister bien des variantes de ce don. Pour moi, ce frère avait le don de secourir par la prière. Et moi-même, je me trouvais parmi ceux qu'il avait puissamment secourus.

C'est pourquoi, j'ai senti un grand regret en apprenant que ce frère nous avait quitté. Mais, comment pourrais-je penser un seul instant que cet intercesseur n'avait pas reçu l'onction de l'Esprit parce qu'il n'avait pas le don des langues? Ce serait absurde.

Notre conception de ce qui est surnaturel est souvent très superficielle. Ce que vivait mon fidèle intercesseur, dont je viens de vous parler, était bien aussi surnaturel que le don des langues. Nous avons déjà constaté en lisant le livre des Actes que l'Esprit était parfois répandu sur un certain nombre de personnes sans que les langues soient mentionnées. Ne soyons donc pas plus royaliste que le roi! L'enseignement général du Nouveau Testament est parfaitement clair et se résume dans les versets suivants: *"Nous avons des DONS DIFFÉRENTS."* (1 Pierre 4:10)

"Chacun tient de Dieu un DON (charisme) PARTICULIER." (1 Corinthiens 7:7). Donc, personne ne possède tous les dons et aucun don n'est destiné à tous sans exception.

La soif du spectaculaire a aussi suscité des théories nouvelles sur la fonction des autres charismes. Il est vrai que la Bible nous exhorte à ne pas éteindre l'Esprit et il existe donc une attente saine de ses manifestations. Mais, il existe aussi une focalisation malsaine de tout ce qui est spectaculaire et "merveilleux". Le danger de prendre n'importe quelle lubie pour une révélation divine guette ceux qui désirent à tout prix exercer un ministère plus "surnaturel" et qui recherchent sans cesse des manifestations spectaculaires.

Quel que soit le nom que l'on donne aux charismes qui se manifestent sous forme de "révélations" ou "paroles inspirées", nous sommes exhortés à les examiner et à retenir ce qui est bon. (1 Thessaloniciens 5:21) Vouloir éprouver les esprits comme dit l'apôtre dans 1 Jean 4:1 n'est donc pas avoir une attitude "anti-charismatique". Ce sont au contraire ceux qui refusent qu'un jugement soit porté sur ce qui se fait dans l'église qui sont "anti-charismatiques", car ils empêchent que le don de discernement puisse s'exercer.

Certaines "révélations" ou "paroles inspirées" émanent d'imitateurs qui disent ce qu'ils ont entendu d'autres dire ou ce qu'ils ont lu dans des livres. Le résultat n'est pas forcément catastrophique, mais c'est tout de même un peu triste, quand des platitudes sont prises pour des manifestations de dons spirituels.

Un dimanche, je me suis trouvé dans une église de campagne, dans le sud de la Suède. Après un premier cantique, le pasteur dit que tout à l'heure dans son bureau, il avait reçu la révélation que ce matin on devait prier pour une personne qui avait mal au dos. Il invite cette personne à s'avancer.

Je regardai l'auditoire. Il était composé presque uniquement de cultivateurs et l'âge moyen devait être environ 60 ans. J'en connaissais plusieurs assez bien. Ils avaient tous, hommes et femmes, arraché des pommes de terre et fait d'autres travaux dans les champs pendant toute leur vie. Ils avaient probablement tous plus ou moins mal au dos. Pas besoin d'un charisme particulier pour le comprendre.

Mais, ces cultivateurs avaient probablement appris à vivre avec leur mal de dos, ou peut-être n'en souffraient-ils pas trop sur des bancs d'église assez confortables. En tous cas, personne ne s'est avancé et au lieu de prier pour le dos d'un vieux cultivateur, on a prié pour le rhume du pasteur. Soyons modérés! Ne cherchons pas à rendre nos cultes plus surnaturels qu'ils ne sont en réalité.

Les écrits de Donald Gee, théologien pentecôtiste anglais, ne sont pas très connus par la génération actuelle, mais ils apportent une note modératrice dont nous avons besoin aujourd'hui. Il écrit: *"Nous savons que tous les dons de l'Esprit sont surnaturels. Mais, cette vérité fondamentale, certains la supposent trop souvent manifestée de façon spectaculaire au plus haut degré. On exige que ces dons soient élevés au rang de miracles dans toute l'acceptation du terme. Nous serions vraiment coupables de la même folie que les Corinthiens, si nous refusions de reconnaître un don spirituel parce qu'il ne se manifeste pas avec une intense émotion."*

Quelles que soient nos convictions quant au fonctionnement précis de certains charismes, les écrits de Donald Gee peuvent certainement apporter matière à réflexion. Il ne s'agit pas de nier le surnaturel, mais de comprendre que le surnaturel n'a pas forcément un aspect spectaculaire. La chrétienté actuelle est envahie de nouveautés de toutes sortes. Beaucoup d'idées sont purement subjectives et basées uniquement sur des expériences individuelles. Une foi saine et équilibrée est basée sur la Parole de Dieu. Mais, cela n'empêche absolument pas qu'elle soit une foi ardente et vivante.

5. Sanctification et amour fraternel

Tout au début de son livre sur le Saint-Esprit, Billy Graham souligne que l'homme a un double besoin. D'abord, il faut qu'il soit pardonné. Dieu a répondu à ce besoin par la croix du Calvaire. Christ est mort pour que nous soyons pardonnés. Le second besoin de l'homme, c'est de devenir bon. Dieu y a répondu par la Pentecôte. Au don du pardon, Dieu ajoute le don du Saint-Esprit, qui opère un changement en nous. En effet, deux traductions modernes font ressortir cette vérité avec une grande clarté: *"Qu'il vous rende aussi bons que vous aimeriez l'être vous-mêmes. Que par sa puissance il réalise tous vos désirs de faire le bien."* (2 Thessaloniciens 1:11, français courant).

Voilà une vérité fondamentale qu'il ne faut pas perdre de vue! La manifestation la plus sublime de la présence du Saint-Esprit dans un cœur s'appelle "le fruit de l'Esprit", que l'apôtre décrit de la façon suivante: *"Si le Saint-Esprit contrôle votre vie, le fruit de son action sera: l'amour, la joie, la paix, la patience, la gentillesse, la bonté, la fidélité, la douceur, la maîtrise de soi."* (Galates 5:22-23)

Quelle grappe merveilleuse que ce fruit de l'Esprit! En réalité, elle n'est pas autre chose qu'une reproduction de la vie et de la nature de Jésus-Christ lui-même. Le but de l'œuvre de l'Esprit est donc de nous rendre semblable à Jésus. Par conséquent, le chrétien qui ressemble le plus à Jésus sera l'exemple le plus éminent d'un homme rempli du Saint-Esprit.

Une vérité à ne pas perdre de vue, avons-nous dit. Pourtant, c'est déjà chose faite dans certains milieux chrétiens. *"Le but du baptême du Saint-Esprit n'est pas de nous rendre victorieux sur le péché. La bible parle du baptême de l'Esprit en relation avec le témoignage et le service et non avec la sanctification"*, écrit un auteur dans un livre relativement récent.

Pour élaborer une théologie systématique, nous devons sans doute faire une différence entre le fruit de l'Esprit et les dons de l'Esprit. Mais, sur le plan pratique de l'expérience on ne peut pas les dissocier de cette façon. Ce sont deux aspects de la même vie, exactement comme les boutons de fleurs du printemps et les fruits mûrs de l'automne sont deux aspects de la vie qui se répand dans un arbre fruitier.

D'ailleurs, comment l'Esprit de Dieu qui s'appelle bien le Saint Esprit pourrait-il nous communiquer des dons de puissance pour le témoignage, sans en même temps nous communiquer quelque chose de sa nature qui est la sainteté et l'amour? Il ne peut exister de baptême ou plénitude spirituel venant de Dieu, qui n'ait pas de conséquences pour notre sanctification. Malheur à nous, si nous avons soif de puissance sans avoir aussi soif de sainteté!

Prêcher avec conviction, prophétiser, parler en langue, vivre des miracles et des guérisons, c'est sans doute expérimenter la puissance de Dieu. Mais, pour supporter les souffrances de la persécution, aimer son prochain et devenir humble et bon de caractère, il faut également recevoir la même puissance d'en haut. Nicky Cruz, le chef de gang des bas-fonds de New-York, qui par la grâce de Dieu, est devenu un évangéliste remarquable, écrit dans un excellent petit livre sur la Trinité divine, que le fruit de l'Esprit est tout aussi surnaturel que les dons spirituels les plus spectaculaires. Pour lui, aimer son prochain d'une façon désintéressée, c'est surnaturel. Car, de nature, l'homme est égoïste et centré sur lui-même. La bonté et l'humilité ne sont pas des vertus innées de la nature humaine, mais les effets d'une grâce surnaturelle.

La Bible dit: *"Ce que Dieu veut, c'est votre sanctification."* (1 Thessaloniciens 4:3). Elle est le but suprême de l'œuvre de l'Esprit en nous. *"Livrez-vous vous-mêmes à Dieu"*, écrit Paul aux Romains (6:13). En effet, la sanctification s'accomplit dans la mesure où nous nous donnons à Dieu. Les fondateurs de l'Institut Biblique de Nogent avaient bien compris cela. La biographie de Ruben et Jeanne Saillens, éditée en 1947, révèle que Mme Saillens avait reçu un don particulier pour aider les jeunes étudiants dans ce domaine. Je cite: *"En donnant leur vie (à Dieu), ils n'avaient pas toujours fait l'abandon de leur volonté propre. C'était justement cette nécessité de la consécration complète qui faisait l'objet des messages que Mme Saillens adressait tous les mardis après-midi aux élèves. Elle parlait volontiers de l'acceptation du don du Saint-Esprit, expérience bénie qu'elle avait faite elle-même. Ne pas attendre de sensations extraordinaires, mais saisir par la foi cet Esprit qui est donné à celui qui le demande."*

Nous comprenons bien que Mme Saillens ne parlait pas ici de la réception initiale du Saint-Esprit, mais d'une expérience plus profonde, suite à une consécration plus totale. Tout en bénissant Dieu pour de telles expériences, nous savons, comme l'apôtre Paul, que nous n'avons pas encore "atteint la perfection". (Philippiens 3:12) La sanctification est un processus qui dure toute la vie. Ainsi, *"Nous bronchons tous de plusieurs manières."* (Jacques 3:2) La croissance spirituelle est l'œuvre de la grâce et non pas le fruit de nos efforts, même si notre consécration en est une condition. Il en est de même pour les dons qui nous sont conférés.

Étant éclairés par la Parole de Dieu et par l'Esprit, nous ne pourrons pas un seul instant les considérer comme un diplôme qui nous aurait été décerné à cause de notre grande piété ou sainteté. Nous n'oublierons pas les paroles de la Bible: *"Qu'as-tu que tu n'aies reçu? Et si tu l'as reçu, pourquoi te glorifies-tu, comme si tu ne l'avais pas reçu?"* (1 Corinthiens 4:7)

Nous n'oublierons pas non plus que les dons sont des grâces temporaires et temporels. C'est le fruit de l'Esprit qui demeure pour l'éternité. *"L'amour ne périt jamais."* (1 Corinthiens 13:8) Cela nous évitera aussi de considérer l'exercice de tel ou tel don spirituel comme critère infaillible d'une haute spiritualité. Il est vrai que certains dons sont de nature à ne pas pouvoir passer inaperçus. Mais, on ne peut pas dire cela de tous les charismes. Ils ne sont pas tous des dons de "paroles" ou "d'actes" qui se manifestent en public. Dans un corps, il y a des membres et des organes dont la fonction est plus discrète, voire même invisible. Pourtant, ils sont tout aussi nécessaires. Nous devons aussi humblement reconnaître qu'il n'est pas facile de déterminer avec exactitude le nombre des dons spirituels. Certains auteurs les limitent à neuf, mais Peter Wagner en donne une liste de vingt-sept dans un de ses livres. La Bible n'est-elle pas plus claire que cela, pourrait-on demander?

La Bible est certainement très claire, en ce qui concerne l'essentiel. Si parfois et sur quelques points, elle reste obscure, c'est que nous n'avons pas besoin d'en savoir davantage. Peut-être n'est-il pas indispensable que nous puissions superviser la distribution des dons dans l'église. Le Saint-Esprit sait ce qu'il fait. Je crois que dans la communion intime avec le Seigneur, il peut nous montrer ce qu'il attend de nous et quel charisme il nous confie. Je crois aussi que ceux qui ont une certaine maturité et un bon discernement peuvent nous aider à trouver dans quel domaine nous pourrons le mieux servir le Seigneur. Mais, nous éviterons toute classification des dons selon un ordre d'importance absolu.

Il y a aussi de multiples façons de servir avec les dons reçus. Nous ne verrons jamais arriver le jour où toutes les églises et tous les chrétiens exprimeront leur foi et leur piété exactement de la même façon. Fort heureusement d'ailleurs, car ce serait vraiment monotone! Mais, la question de l'extériorisation des sentiments religieux devient secondaire, si nous considérons l'honnêteté, la fidélité, l'humilité et l'amour comme expressions essentielles d'une vraie piété et d'une vie remplie du Saint-Esprit.

L'Esprit du Seigneur n'est pas un diviseur. Il ne veut pas placer les chrétiens dans des compartiments différents selon leurs tempéraments ou leur façon de s'exprimer. Il y a certes des divisions voulues par Dieu, quand il y a infidélité flagrante d'un côté, et volonté d'obéir à Dieu de l'autre. Mais, la plupart des divisions parmi les chrétiens d'aujourd'hui n'appartiennent pas à cette catégorie. Elles sont dues à l'orgueil, au manque d'amour et à l'étroitesse d'esprit et non pas à la haute spiritualité de telle ou telle fraction de l'église. Ce que veut le Saint Esprit avant tout c'est répandre l'amour de Dieu dans nos cœurs afin que la communion fraternelle connaisse une floraison comme jamais auparavant.

Laissons donc sortir la colombe de sa cage! Donnons à l'Esprit toute liberté pour agir! Nous serons émerveillés de découvrir la diversité de son action. Nous n'aurons aucun mal à reconnaître ses bénédictions sur nos frères, même si leurs expériences diffèrent un peu des nôtres. Nous comprendrons combien nos schémas, nos idées préconçues et nos préjugés limitent l'Esprit. Nous comprendrons aussi qu'il y a des choses essentielles et des choses secondaires.

Nous laisserons l'essentiel demeurer l'essentiel et nous n'accepterons pas d'être divisés à cause des questions secondaires. Et, nous pourrons non seulement chanter mais, VIVRE ces paroles du cantique, écrit par Claire-Lise de Benoit:

"Tous unis dans l'Esprit, tous unis en Jésus,
Nous prions que bientôt ce qui divise ne soit plus,
Et le monde saura que nous sommes chrétiens,
Par l'amour dont nos actes sont empreints."

6. *Les yeux ouverts sur les déviations et les excès*

Dans le sillage de tout renouveau spirituel, apparaissent en général certains égarements sur le plan doctrinal, et aussi des tendances excessives sur le plan pratique. Nous venons de souligner que l'amour fraternel est un des fruits d'une vie spirituelle saine. Mais, cet amour fraternel ne doit jamais être en opposition avec la vérité révélée dans la Parole de Dieu. La Bible dit qu'en *"professant la vérité dans l'amour, nous croîtrons à tous égards."* Amour et vérité sont donc inséparables. On dit souvent que "l'amour est aveugle". Mais, dans la vie chrétienne, il ne faut pas qu'il en soit ainsi. L'amour en harmonie avec la vérité nous ouvrira au contraire les yeux sur les séductions qui envahissent la chrétienté de nos jours. Même si la tâche est difficile, nous essayerons d'en faire un résumé.

Expériences sans normes et sans frontières

Il est vrai que la Parole de Dieu déclare que *"la où est l'Esprit du Seigneur, là est la liberté"*. Mais, liberté ne signifie pas absence de normes. C'est la raison pour laquelle il faut examiner le contenu de certains livres sur le Saint-Esprit écrits pendant ces dernières décennies. Nous y voyons apparaître un point de vue qui est exactement le contraire de la position ultra-dogmatique. Certains auteurs pensent que chacun peut faire l'expérience de la Pentecôte quelle que soit sa croyance. Même pour ceux qui ne croient pas aux dogmes essentiels de la foi chrétienne, l'expérience charismatique reste possible, disent-ils. Ce qui importe pour eux, c'est donc l'expérience elle-même, quel que soit le cadre dans lequel elle est vécue. De telles déclarations soulèvent de nombreuses questions.

Quelle que soit notre conception du baptême du Saint-Esprit, il s'agit bien d'une communication de vie spirituelle. Est-il imaginable que cette communication se fasse dans n'importe quel cadre? Peut-on placer l'action du Saint Esprit dans n'importe quel contexte? Peut-on expérimenter la vie de l'Esprit sans croire aux grandes vérités de la foi chrétienne?

Avant de répondre à ces questions, il faudra peut-être en poser une. Quelles sont ces vérités essentielles de la foi chrétienne? De toute évidence, la divinité de Jésus Christ, son incarnation, résultat de sa naissance virginale, sa mort expiatoire, sa résurrection et son retour personnel en font obligatoirement partie. Le salut offert par pure grâce et obtenu par la seule foi en Jésus Christ également. Si on fait abstraction d'une ou de plusieurs de ces vérités de base, peut-on encore espérer que le Saint-Esprit sera libre d'agir? Ne serait-ce pas tenter de séparer l'action du Saint Esprit de son contexte normal? Et, ne serait-ce pas essayer de séparer l'œuvre de l'Esprit du reste de l'évangile? Et, cela nous conduirait où exactement? Peut-être à un spiritualisme pseudo-chrétien, une spiritualité inter-religieuse ou bien à une forme de mysticisme ou d'illuminisme qui refuse toute réflexion sérieuse.

Si les chrétiens ne courent aucun danger d'être séduits par d'habiles contrefaçons spirituelles, pourquoi Jésus Lui-même nous dit-il: *"Prenez garde que personne ne vous séduise"?* (Matthieu 24:4).

Il n'est pas superflu d'attirer l'attention sur ce problème. Car cette conception d'un "charismatisme" sans cadre et sans contexte fait vraiment partie d'un courant qui influence fortement une partie de la chrétienté. En voici un exemple. Un promoteur particulièrement zélé du renouveau charismatique fut appelé "Monsieur Pentecôte", peu importe son vrai nom. Il était sans doute animé de bonnes intentions en voulant partager son expérience avec tous les autres.

Il a donc fait des efforts considérables pour contacter toutes les églises et dénominations chrétiennes pour leur proposer d'ouvrir leurs portes au renouveau spirituel qu'il représentait. Il est donc allé aussi vers les Mormons, mais ils lui ont simplement répondu: "Non merci, nous sommes nous-mêmes le renouveau." Les mormons s'intitulent eux-mêmes: "L'église de Jésus-Christ des saints des derniers jours" et constituent en fait une secte née aux États-Unis au 19ème siècle. Non seulement la Bible, mais aussi le "Livre de Mormon" constituent pour eux la Parole de Dieu. Ils sont surtout connus dans l'histoire pour avoir pratiqué la polygamie.

Leur fondement doctrinal contient aussi d'autres hérésies et fausses doctrines. Ils enseignent par exemple que Jésus et Lucifer (Satan) seraient frères! Sur le site "Église Mormone", nous lisons ceci: *"Dieu a créé Satan et Jésus, et ainsi, nous pouvons dire qu'ils sont frères."* Les mormons ont donc une conception de la personne de Jésus Christ qui diffère totalement de celle que les chrétiens ont toujours eue. Alors, comment pourrions-nous considérer leur église comme authentiquement chrétienne? Et pourtant, on leur a bien proposé de faire partie, eux aussi, du "renouveau spirituel" contemporain. Cette conception d'une action du Saint-Esprit sans cadre doctrinal et sans frontières théologiques est bel et bien une des séductions les plus insidieuses de notre temps.

Manifestations physiques étranges

Dans certains milieux, on recherche des manifestations spectaculaires, comme par exemple, "tomber par l'Esprit" ou connaître "une ivresse dans l'Esprit". Sur un DVD, nous avons bien vu un pasteur s'adresser à un auditoire nombreux en criant: "Tombez! Soyez ivres!" Une grande partie de ceux qui étaient assis se sont alors glissés hors de leur siège pour se retrouver couchés par terre. En d'autres occasions, des personnes debout tombent en arrière lorsque quelqu'un prie pour eux en leur imposant les mains. Parfois, cette imposition des mains n'est même pas nécessaire. Il suffit que le prédicateur se mette à crier: "Feu! Feu!" Alors, immédiatement une partie de l'auditoire restant debout tombe à la renverse. En de telles occasions, on a souvent besoin de "serviteurs" qui se tiennent derrière ceux qui sont susceptibles de tomber pour les attraper avant qu'ils touchent le sol, ceci pour éviter qu'ils se fassent mal.

Ce que nous pouvons affirmer, c'est que de telles manifestations sont inconnues dans la Bible. Bien sûr, la Bible parle bien de personnes qui tombent, mais en général, dans le sens de "se prosterner" devant Dieu. En voici quelques exemples: *"Abram tomba sur sa face et Dieu lui parla. Moïse et Aaron tombèrent sur leur visage, et la gloire de l'Éternel leur apparut."* Ces hommes de Dieu ne sont pas tombés à la renverse d'une manière incontrôlée et ils n'ont pas eu besoin "d'attrapeur" pour les empêcher de se blesser en tombant. Ils se sont prosternés de plein gré pour adorer Dieu.

Les seuls cas relatés dans la Bible qui pourraient ressembler à ces manifestations ultra-charismatiques de nos jours, sont les cas qui concernent les ennemis de Dieu ou des possédés. Le roi Saül avait désobéi à Dieu et le prophète lui annonça le jugement de Dieu. *"Aussitôt Saül tomba à terre de toute sa hauteur et les paroles de Samuel le remplirent d'effroi."* Concernant ceux qui sont venus arrêter Jésus, l'évangile nous dit: *"Lorsque Jésus leur eut dit: C'est moi, ils reculèrent et tombèrent par terre."* L'enfant possédé d'un mauvais esprit a eu une réaction encore plus violente: *"L'esprit l'agita avec violence. Il tomba par terre, et se roula en écumant."*

L'expérience du prophète Ézéchiel est vraiment concluante. Il raconte lui-même qu'il a eu une vision extraordinaire de la gloire de Dieu et il dit: *"A cette vue, je tombai la face contre terre et j'entendis la voix de quelqu'un qui parlait. Il me dit: Fils de l'homme, tiens-toi sur tes pieds, et je te parlerai. Dès qu'il m'eut adressé ces mots, l'Esprit entra en moi et me fit tenir sur mes pieds."*

Le Seigneur ne jette donc pas ses amis et ses serviteurs par terre. Qu'eux-mêmes ressentent le besoin de tomber sur leur face pour l'adorer, c'est autre chose. Mais, remarquez bien comment le Saint-Esprit a agi dans la vie du prophète Ézéchiel! Il est entré en lui pour le relever et le faire tenir debout! Voilà qui est bien différent de ce qui se passe dans certaines réunions charismatiques surchauffées et surexcitées!

Cela montre bien que l'œuvre principale du Saint-Esprit, ce n'est pas faire tomber les gens, mais plutôt de les relever et les aider à rester debout. Je peux comprendre l'ancien buveur, qui par la grâce de Dieu avait été libéré de l'alcool et qui dit un jour: "Je ne comprends pas ces chrétiens qui se déplacent tout le temps pour assister à des réunions où les gens tombent par terre, soi-disant par la puissance du Saint-Esprit. Autrefois, quand j'étais encore esclave de l'alcool, je tombais tout le temps. Souvent, je n'arrivais pas à rentrer chez moi sans l'aide de quelqu'un. Combien de fois je suis tombé dans le fossé. Mais, aujourd'hui, je suis tellement reconnaissant envers le Seigneur, parce qu'il m'a relevé de mes chutes et qu'il me donne la force de rester debout."

Dans ce monde, tant de personnes sont tombées dans diverses formes d'esclavage et sont écrasées par de lourds fardeaux et de graves problèmes. Combien nous avons besoin de cette véritable action du Saint-Esprit qui relève et qui libère tous ceux qui sont fatigués et chargés.

L'évangile de la prospérité et la confession positive

Depuis quelques décennies, plusieurs courants nouveaux se sont plus ou moins mélangés avec le fleuve du renouveau charismatique. La plupart de ces courants ont leur origine dans la vie religieuse des États-Unis. L'arrivée de ces affluents s'est effectuée déjà pendant la deuxième vague du renouveau charismatique autour de 1960. Elle a continué aussi après ce que l'on appelle "la troisième vague" vers 1980. On parle de deuxième et troisième vague, car on estime que la première grande effusion dans les temps modernes a commencé vers 1900. Toutes les dénominations chrétiennes sont plus ou moins influencées par ces nouvelles vagues, mais ces affluents ont aussi donné naissance à de nouvelles communautés.

L'évangile de la prospérité émane de ce que l'on appelle "Le mouvement de la foi". Sa doctrine repose d'abord sur l'affirmation que la pauvreté est une des malédictions qui repose sur l'humanité à cause du péché. Christ nous a libérés de cette malédiction et par conséquent tous ceux qui croient en Lui peuvent et doivent avoir une situation matérielle confortable. Cela est considéré comme un droit que nous devons revendiquer auprès de Dieu. David Wilkerson disait: *"Autrefois, les chrétiens confessaient leurs péchés. Aujourd'hui ils confessent leurs droits."* Selon les évangélistes de la prospérité, cette confession est très importante. *"Ce que vous confessez, vous le possédez,"* disent-ils. *"Confessez que vous êtes pauvre et malade et vous le resterez. Confessez que vous êtes riche et en bonne santé et vous le serez. A vous de choisir!"*

Dans cette spiritualité, l'homme serait donc lui-même maître de sa vie et de son destin. Bien sûr, nous savons bien que la Bible dit que Dieu a accordé de grandes richesses à certains hommes. Concernant Isaac, il nous est dit: *"L'Éternel le bénit. Cet homme devint riche et il alla s'enrichissant de plus en plus, au point d'être vraiment fort riche."* Et, encore aujourd'hui, Dieu peut confier des biens importants à un homme pour qu'il les gère selon la volonté de Dieu.

Mais, n'oublions pas que la richesse matérielle n'est pas obligatoirement une preuve de la bénédiction de Dieu. Les hommes les plus impies peuvent aussi être fortunés. N'oublions pas non plus que Jésus lui-même a parlé de *"la séduction des richesses"* et qu'il a également dit: *"Qu'il est difficile à ceux qui ont des richesses d'entrer dans le royaume de Dieu."*

Nous devons plutôt faire nôtre cette sage prière qui est aussi dans la Bible: *"Ne me donne ni pauvreté, ni richesse, accorde-moi le pain qui m'est nécessaire."*

Il y a danger lorsque la vie spirituelle devient une recherche effrénée de dons, de miracles, de succès et de pouvoir. Finalement, on en arrive à une véritable caricature de la vie chrétienne, dirigée par le Saint-Esprit.

Débordement émotionnel et méditation silencieuse

En 1989, un mouvement spirituel a surgi en milieu anglican en Grande-Bretagne. Ses fondateurs l'ont nommé "The New Wine" (Le Vin Nouveau). A peu près en même temps, plusieurs églises au Canada et aux États-Unis ont été le théâtre de rassemblements de foules durant lesquels, des manifestations spectaculaires ont eu lieu. Entre autres phénomènes, ce que l'on appelle "le rire spirituel" est devenu à la mode.

Personnellement, je ne suis pas sûr que cela ait commencé à cette époque-là. Déjà en 1951, j'ai assisté à un culte dans une église en Allemagne où tous les assistants se mirent à rire – non pas tous d'un seul coup, mais successivement, les uns après les autres et à la fin du culte, tout le monde riait. En parlant avec plusieurs membres de cette église après le culte, j'ai bien eu l'impression qu'ils étaient des chrétiens sincères. Mais, leurs dirigeants spirituels avaient érigé le rire en système et l'avaient établi comme l'ordre normal du culte. A mon avis, c'était une erreur. Ce rire était devenu une habitude.

Y a-t-il un rire inspiré par le Saint-Esprit?

Disons d'abord que le rire peut exprimer beaucoup de choses. Il y a des rires superficiels et même des rires déplacés accompagnant des blagues malsaines et choquantes. Mais, le rire n'est souvent rien d'autre que l'expression d'une grande joie. Le psalmiste raconte dans le Psaume 126 l'immense joie des enfants d'Israël lorsque leur captivité était enfin terminée. *"Quand le Seigneur a rétabli Sion, nous étions comme ceux qui font un rêve. Alors, notre bouche était pleine de rire et notre langue poussait des cris de joie."* (Psaume 126)

Leur libération dépassait tout ce qu'ils avaient espéré. Leur rire et leurs cris de joie étaient une réaction spontanée normale et naturelle. Mais, ils n'ont pas cherché à l'intégrer comme ordre normal et habituel dans leur culte.

Apparemment, peu de gens savent qu'au moment où l'on a commencé à cultiver le "saint" rire dans certains milieux chrétiens, dans le cadre de la spiritualité dite du "Nouvel Âge", il existait déjà tout un courant où l'on s'entraînait à pratiquer le rire à titre de technique de relaxation, dans un but thérapeutique.

Mais, on ne rit pas seulement dans l'Esprit. On chante aussi par l'Esprit, c'est à dire au lieu d'utiliser des recueils de cantiques, on chante spontanément sous une inspiration soudaine. Nous avons vu et entendu que le Saint-Esprit peut donner à quelqu'un un chant spirituel d'une beauté poétique et musicale extraordinaire. Mais, dès que l'on veut systématiser ces manifestations individuelles et les pousser à devenir une démonstration collective, on essaie de commander le Saint-Esprit. Laissons plutôt notre Divin Consolateur faire ce qu'Il veut, quand Il veut.

Tout le monde le sait: la musique peut exercer une action puissante sur le psychisme humain. Or, dans certains milieux néo-charismatiques, on utilise parfois des musiques électroniques très fortes, à grand renfort de percussions et de refrains répétitifs, parfois lancinants. Dans le cadre de longues séances, dites "de louange", ces musiques peuvent créer chez les participants d'intenses émotions collectives, que l'on attribue trop facilement à l'action du Saint Esprit.

Les abus d'autorité se manifestent aussi dans ces mêmes milieux. Certains membres en arrivent à suivre aveuglement tel ou tel leader charismatique, comme s'il était infaillible, sinon en théorie, du moins en pratique.

Malheur à qui aura l'audace d'émettre la moindre réserve au sujet des "visions, révélations" ou "prophéties" d'un tel leader. Cela a engendré de graves problèmes. Et, que fait-on alors de l'injonction biblique: *"Examinez toutes choses, et retenez ce qui est bon."* (1 Thessaloniciens 5:21)?

L'organisation "Le Vin Nouveau" organise toujours des rencontres et des Conventions pour "équiper" les chrétiens de toute tendance et les rendre aptes à mieux servir Dieu par les dons spirituels. Les livres qui sortent de tous ces groupements néo-charismatiques expliquent souvent la nature et le fonctionnement des dons spirituels. Parfois, on a l'impression que les auteurs en savent bien plus que les apôtres qui ont écrit le Nouveau Testament. Lorsque l'enseignement sur le Saint Esprit devient spéculatif, il y a danger. On tombe facilement dans l'erreur de vouloir manipuler l'Esprit et lui prescrire sa façon d'agir.

Finalement, nous devons signaler la croissance du nombre de retraites spirituelles organisées ici et là. Certaines d'entre elles se nomment aussi "charismatiques". Si beaucoup de rencontres charismatiques réunissent ceux qui aiment les débordements émotionnels collectifs, les retraites spirituelles proposent en général des moments de silence et de méditation. Mais, le but est toujours d'atteindre une vie spirituelle plus élevée et plus intense. Ici, nous entrons dans un monde très vaste. L'influence de certaines philosophies orientales est évidente, pas toujours sur le plan de la foi proprement dit, mais sur le plan des méthodes. Tout en continuant à professer la foi chrétienne, certains dirigeants de retraites spirituelles pensent que l'on peut "emprunter" certaines méthodes et techniques des religions orientales, donc non-chrétiennes.

Comment faire un jugement de valeur de tous ces courants?

Il nous faut une norme d'après laquelle nous pourrons tester et examiner toutes ces diverses tendances que nous venons d'énumérer très sommairement. Cette norme, nous l'avons. La Parole de Dieu nous exhorte à *"combattre pour la foi transmise aux saints une fois pour toutes."* (Jude, verset 3) Cela signifie que la foi chrétienne ne doit ni changer ni évoluer depuis le temps des apôtres. Nous devons donc tout examiner à la lumière de ce que Jésus lui-même et ses apôtres enseignent dans le Nouveau Testament. Concernant l'œuvre du Saint-Esprit, Jésus a dit lui-même: *"Il me glorifiera"*. Le but de la venue du Saint Esprit, le Divin Consolateur, est avant tout d'attirer les humains vers Jésus, le Sauveur, et de glorifier sa personne et son œuvre. Il faut donc écarter sans ménagement tout ce qui exalte l'homme, tout ce qui fait subtilement enfler son ego au lieu d'élever Jésus Christ!

Lorsque les dons, les manifestations de puissance, les expériences exaltantes prennent la première place, il y a danger. Mais, lorsque Jésus-Christ est vraiment glorifié, et que sa divine personne est rendue de plus en plus précieuse à nos yeux, nous avons toutes les raisons de croire que c'est vraiment le Saint-Esprit qui est en action. Ces principes de base nous aideront à voir clair malgré l'énorme confusion qui règne sur le plan spirituel de nos jours.

Bibliographie

Ouvrages en français:

Le Cossec Clément: *Le Saint-Esprit et les dons spirituels.* Vérités à connaître, Rennes 1954.

Couleur, Raymond: *Le Saint-Esprit.* Chez l'auteur, Lausanne.

Gee Donald: *Le fruit de l'Esprit.* Nicolle, Chatenay-Malabry 1956.

Gee Donald: *Les dons de l'Esprit.* Nicolle, Chatenay-Malabry 1956.

Gee Donald: *Les ministères dons du Christ.* Viens et Vois, Paris

Graham, Billy: *Un Esprit qui rend fort, aimant et réfléchi.* Brunnen Verlag, Bâle 1992.

Grant: *Les dons spirituels.* Mission de Pentecôte, Genève.

Guiton Witt: *Le mouvement de Pentecôte.* Les Bons Semeurs, Paris.

Koch, Kurt: *Le conflit des langues.* Association pour l'évangélisation, Montréal 1974.

Kuen Alfred: *Le renouveau charismatique.* Emmaüs, Suisse 1975.

Kuen Alfred: *Il faut que vous naissiez de nouveau.* La Ligue pour la lecture de la Bible, Guebwiller 1968.

Kuen Alfred: *Baptême et plénitude de l'Esprit.* Emmaüs, Suisse.

Kuen Alfred: *Ministères et dons.* Emmaüs, Suisse.

Lang: *D'où viennent ces langues?* C.C.B.P. 1983.

Murray Andrew: *Entière consécration.* Éditions Rose France, Saint Ouen 1956.

Murray Andrew: *Le secret de la puissance d'en haut.* Éditions Rose France, Saint Ouen 1956.

Pache René: *La personne et l'œuvre du Saint-Esprit*. Emmaüs, Suisse 1947.

Paxon Ruth: *Fleuves d'eau vive*. Institut Biblique de Nogent 1948.

Randal G.F: *Je parle en langue plus que vous tous*. Éditions de Bérée, Orbe 1982.

Shallis Ralph: *Le miracle de l'Esprit*. Farel, Fontenay S/Bois 1977.

Shallis Ralph: *L'explosion de vie*. Farel, Fontenay S/Bois 1979.

Shallis Ralph: *Le don de parler diverses langues*. Éditions C.C.B.P. 1982.

Stott John: *Du baptême à la plénitude*. Emmanuel, Monnetier 1977.

Thobois Jules: *La mission d'évangéliser*. Croire et Servir, Paris 1962.

Wargenau M.: *Ruben et Jeanne Saillens, évangélistes*. Les Bons Semeurs, Paris 1947.

Ouvrages en anglais:

Bennet Richard: *The Holy Spirit and you*. Converdale House, London 1971.

Blomgren Alvar: *Ministry Gifts*. Filadelfia, Stockholm 1969.

Christenssen Larry: *Speaking in tongues*. Dimension Books, Minneapolis 1968.

Christenssen Larry: *A message to the charismatic mouvement*. Bethany, Minneapolis 1972.

Cruz Nicky: *The Magnificent Three*.

Cummings: *Handbook on the Holy Spirit*. Bethany, Minneapolis 1965.

Finney Charles: *Power from on high*. Victory Press, Eastborne 1944.

Green Michaël: *I believe in the Holy Spirit*. Eardman, Grand Rapids 1975.

Moody Dwigt: *Secret Power*. Moody Press Chicago.

Neil Foster: *I believe in tongues. But...* Victory Press, Eastborne 1975.

Smith Osvald: *The Holy Spirit at work*. Marshall, Morgan and Scott, London 1939.

Torrey Ruben: *The Holy Spirit*. Fleming and Revell, London.

Wagner Peter: *Your spiritual gifts*. Regal Books, Ventura, California 1979.

Wimber John: *Power Evangelism*. H. and Staughton, London 1986.

Oui, je veux morebooks!

i want morebooks!

Buy your books fast and straightforward online - at one of world's fastest growing online book stores! Environmentally sound due to Print-on-Demand technologies.

Buy your books online at

www.get-morebooks.com

Achetez vos livres en ligne, vite et bien, sur l'une des librairies en ligne les plus performantes au monde!
En protégeant nos ressources et notre environnement grâce à l'impression à la demande.

La librairie en ligne pour acheter plus vite

www.morebooks.fr

VDM Verlagsservicegesellschaft mbH
Heinrich-Böcking-Str. 6-8   Telefon: +49 681 3720 174   info@vdm-vsg.de
D - 66121 Saarbrücken   Telefax: +49 681 3720 1749   www.vdm-vsg.de

www.ingramcontent.com/pod-product-compliance
Lightning Source LLC
Chambersburg PA
CBHW052212240426
43670CB00036B/197